致富需要做的6件事

〔美〕罗伯特·清崎 著　徐 浩 译

四川人民出版社

readers-club

北京读书人文化艺术有限公司
www.readers.com.cn
出　品

致中国读者的一封信

亲爱的中国读者：

你们好！

今年是《富爸爸穷爸爸》在美国出版20周年，其在中国上市也已经整整17年了。我非常高兴地从我的中国伙伴——北京读书人文化艺术有限公司（他们在这些年里收到了很多读者来信）那里了解到，你们中的很多人因为读了这本书而认识到财商的重要性，从而努力提高自己的财商，最终同我一样获得了财务自由。

我很骄傲我的书能够让你们获益。20年后的今天，世界又处在变革的十字路口。全球经济形势日益复杂，不断涌现的"黑天鹅事件"加剧了世界发展的不确定性，人们对未来充满迷茫，悲观主义情绪正在蔓延。

而对于你们，富爸爸广大的中国读者来说，除了受世界经济的影响，还要面对国内经济转型的阵痛，这个过程艰苦而漫长。当然，为了成就这种时代的美好，你必须坚持正确的选择，拥有前进的智慧和勇气。这就需要你努力学习。

最后，我还是要说，任何人都能成功，只要你选择这么做！

罗伯特·清崎

富人教他们的孩子财商,
而穷人和中产阶级从不这样做。

——〔美〕罗伯特·清崎

出版人的话

转眼间,"富爸爸"问世已20余年,与中国读者相伴也已近20年。在中国经济和社会蓬勃发展的20年间,"富爸爸"系列丛书的出版影响了千千万万的中国读者,有超过1000万的读者认识了富爸爸、了解了财商。在"富爸爸"的忠实读者中,既有在餐厅打工的服务员,也有执教讲堂的大学教授;既有满怀创业梦想的年轻人,也有安享晚年的退休人士。"富爸爸"的读者群体之广、之大,是我们不曾预料到的。

作为一套在中国风靡大江南北、引领国人创业创富的财商智慧丛书,"富爸爸"系列伴随和见证了千万读者的创富经历和成长历程,他们通过学习财商,已然成为中国的"富爸爸",这也是我们修订此书的动力。20年来,"富爸爸"系列也在不断地增加新的"家族成员",新书的内容也越来越贴合当下经济的快速发展以及国内风起云涌的经济大潮,我们也在十几年的财商教育过程中摸索出了一套适合国内大众群体的"MBW"财商理论体系,即从创富动机、创富行为习惯、创富路径三方面培养学员的财商,增强大家和财富打交道的积极意识,提高抗风险的能力。

曾有一位来自深圳的学员告诉我,他当年就是因为读了《富爸爸穷爸爸》一书,并通过系统的财商训练,才在事业上取得了巨大的成功。难能可贵的是,成功后的他并没有独享财富,而是将自己致富的秘诀——"富爸爸"财商理念分享给了更多想要创业、想要致富、想要成功的人。

在"富爸爸"的忠实读者群中，类似的成功故事还有很多很多。在"富爸爸"的影响下，每一位创富的读者都非常乐意向更多的朋友传授自己从财商训练中获得的成功经验。

值此"富爸爸"20周年之际，作者的最新修订版再次契合了时代的发展、读者的需要。在经济金融全球化的发展与危机中，作者总结过去、现在和未来财富的变化与趋势，并重温了富爸爸那些简洁有力的财商智慧，在中华民族伟大复兴的新时代，"富爸爸"系列丛书将结合财商教育培训，为读者带来提高财商的具体办法，以及在中国具体环境下的MBW创富实践理论。丛书的出品方北京读书人文化艺术有限公司将从图书、现金流游戏、财商课程等多角度多方面，打造出一个立体的"富爸爸"，不仅要从财商理念上引导中国读者，更要在实践中帮助中国读者真正实现财务自由。读者和创业者可以通过关注读书人俱乐部微信公众号，来了解更多有关"富爸爸"系列丛书和财商学习的信息。

正如富爸爸在书中所说，世界变了，金钱游戏的规则也变了。对于读者和创富者来说，也要应时而变，理解金钱的语言、学会金钱的规则。只有这样，你才能玩转金钱游戏，实现财务自由。

汤小明

读书人俱乐部

前　　言

不少人都对《谁想成为百万富翁》耳熟能详，这档电视秀在美国一夜成名，并迅速被全世界的观众所关注。所有的参赛者都必须回答一系列刁钻的问题，每答对一道题，他们就能获得更多的奖金，最多可以累积到一百万美元。

"谁想成为百万富翁"这个问题在世界各地流行的时间并不长。人们对钱有一种固执的迷恋，总梦想着一夜暴富或者买彩票中大奖等，而"谁不想成为百万富翁呢"这句话则赤裸裸地表达了人们心中的渴望。

是的，你有可能在游戏中赢得百万美元，也可能买彩票中了几百万美元，还有可能通过投资IPO（首次公开募股）成为百万富翁。然后，你就可以退休了，在剩余的人生中享受荣华富贵。实际上，现如今致富的途径比过去任何一个时期都多。这也许就是那些"又快又好"的赚钱方式风靡全球的原因。

我记得我在接受关于《富爸爸穷爸爸》一书的采访时，主持人质问我："行啦，你干吗不告诉我们实情？你的书现在风靡全球，你难道不是在利用你的书大肆敛财吗？"

她的问题着实让我惊讶，我几乎无言以对。最后，我回答道："我从没往那方面想。我不知道你为什么会认为我写书是为了那个目的。我希望我能有那么聪明，聪明到足以算计到在这个历史时刻推出我的书。实际上，我写这本书的目的是为了告诉大家我从两位爸爸身上学到的关于财富的哲理。"

停了一下，我说："现在确实存在'快速致富'的热潮，然而我的书呈现出来的理念与那些游戏和彩票截然相反。我的书是关于'致富'的，但是与'快速'无关。"

记者点点头，对我报以怀疑的微笑。"那么，如果你不崇尚'快速致富'，你打算怎么做？'慢速致富'？"

我能感觉到她的挖苦，这对我来说是个挑战。在上百万的电视观众面前我必须保持冷静。所以，我勉强一笑回应她带刺的评论，并说："不是，我的书与'快速致富'和'慢速致富'都没有关系。"然后，我笑着等待她的下一个提问。接下来的沉默让人窒息，但我尽可能保持冷静，没有退缩。

她笑着问："那你的书是关于什么的？"

我笑着回答："是关于致富需要做的事。"

她问："什么事？"

当她问这个问题的时候，制作人示意她抓紧时间。她于是催促我赶紧回答问题,最后我对主持人说:"很多人都想挣到大钱,但是问题是没多少人愿意为此真正做点事。"

电视访谈结束了。主持人对我表示感谢,然后切换成商业广告。我再也没有机会解释变得富有到底需要做些什么事。这本书就是为了回答这个问题。

谁在付出代价

政府对年龄在 20 ~ 65 岁的人进行了一项跟踪调查。调查发现,在他们 65 岁时:

1%	富人
4%	生活富足
5%	受生计所迫仍在工作
54%	需要家人和政府供养
36%	死亡

另外,1% 的富人中超过 35% 是通过继承得到财富的,这种情况在 4% 的生活富足的人中也有很大比例。

但问题还是一样:最富有的那 5% 的人做了什么别人没做的事情?也就是说,与其他人相比,那 5% 的人付出了什么样的努力?

你有大房子你就是富人吗

小时候，我的富爸爸开车带着我路过同学家，那是个非常富有的社区。我问富爸爸，我同学的爸爸是不是很有钱。富爸爸笑着回答我："工作收入高、房子大、车子贵、度假奢侈并不意味着你是富人。奢侈的生活方式也并不意味你聪明或者受到过良好教育，也有可能完全相反。"

大多数人都有足够的智慧明白富爸爸的意思。但是我认为，许多人热衷于买彩票就是想拥有大房子、好车子，以及其他那些能用钱买到的消遣娱乐。现实生活中，通过买彩票赢得百万美元是有可能的，只不过概率实在太小。所以，参加竞赛游戏或者用幸运数字买彩票，不是最富有的那1%的人所做的事。

变成富人需要做什么

致富的途径多种多样。中彩票和赢得游戏只是其中的两个例子。你还可以通过勤俭持家、诈骗，甚至是和富人结婚变得富有。不少人会积极主动地找个有钱人结婚。

提前警告：任何获得巨大财富的方法都需要付出代价，而且这个代价不一定能用金钱衡量！

参加竞赛游戏和买彩票的代价是：你几乎永远不可能成

为富人，而且还得花不少钱。有更好的方法可以成为富人，胜算更大，但是很少有人愿意为此付出代价。实际上，有些方法得到人们的认可，几乎可以确保你成为富人，可是还是那个问题，没多少人真正愿意为此付出努力。这就是为什么研究表明，在这个世界上最富有的国家（美国）中只有1%的人能成为富人。其他人也想变得富有，但不愿付出相应的努力。

那么，成为富人需要做什么呢？如果我说："我希望拥有世界级运动员的体魄。"你们中的大多数人会告诉我："穿上跑鞋，每天跑5公里，去健身房每天练3小时，别没完没了地吃比萨。"听了这个建议后，我很可能会问："还有别的方法去拥有那样的体魄吗？因为我不想那么累。"这就是问题的关键，虽然成千上万的人想要健美的体魄，但没多少人愿意付出相应的努力。这就是他们在虚假的赚钱广告上受骗的原因。"不节食就能减肥，只需要几粒神奇的药片。"或者，"不用健身不用控制饮食，你就能拥有模特般的骄人身材"。不管是飞来横财、性感身段、强大人脉或者别的什么幸福之类的，只要是人类渴望的东西，纽约麦迪逊大街上的广告联盟都能简单快速地实现你的愿望。然而，大多数广告名不副实，而且买这些产品的人本身就不想努力，或者根本就不想付出任何代价。

我经常提起许多年前我因为一则电视广告而花385美元

参加一个关于房地产投资课程的事。我记得当时我正坐在家里看电视，无意中看到了一则广告。那则广告鼓动我去希尔顿夏威夷度假村参加一个晚间研讨会，举办研讨会的酒店离我位于威基基海滩的个人公寓很近。于是我打电话预约并花385美元报名参加了那个研讨会。那个时候我还在海军陆战队服役，我邀请了我的海军飞行员战友一起去。他讨厌那个研讨会，认为纯属欺诈，浪费时间，并且要求退款。回到中队以后，他跟我说："我就知道这是诈骗。我根本就不应该听你的。"

但我所经历的一切与他说的完全不同。研讨会结束以后，我继续读带回来的书，听课堂录音磁带，并根据所学赚了上百万美元。许多年后，我的一个朋友对我说："你朋友的问题在于太过聪明，觉得从那个课程上学不到任何东西。而你则是蠢到相信那个老师，而且竟然按他教你的做了。"

今天，我还是会推荐人们去参加一些研讨会，学习房地产购买、创业及股票投资等基础知识。我经常会听到观众回应说："如果这些课程不好怎么办？如果我被骗了怎么办？如果我什么也没学到怎么办？"听到这些疑问时，我通常的回复是："那你最好别参加研讨会，这些研讨会绝对是骗你的。"

据我所知，许多人都在寻找如何改善他们生活状况的答案。但问题是当他们找到答案时，他们根本就不喜欢，就像我希望拥有世界级运动员的体魄，但我不喜欢"不再没完没了地吃比萨，每天练举重3小时"这个答案一样。换句话说，除非找到我喜欢的答案，否则我的愿望不可能实现。大多数人永远也不能成为富人的原因就是他们不喜欢自己得到的答案。我认为，他们并不仅仅是不喜欢那个答案，他们真正不喜欢的是附加在答案上面的代价。

正如富爸爸所说："大多数人想变得富有，但他们不想付出努力。"

在这本书里，我所讨论的成为富人的途径与省吃俭用、欺诈和富人结婚无关。但是，就像富爸爸常对我说的，"有些致富所需要做的事不一定能用金钱来衡量"。在这本书中，我不仅分享了致富的答案，还有我为此做出的努力。当然，如果你不喜欢我的答案或者我的富爸爸的答案，那也没有关系，因为成为富人的途径不止一条，因为永远都会有新的博彩或新的游戏节目提出这样一个问题："谁想成为百万富翁？"

目 录

第一件事	做好为财务自由付出努力的准备	1
第二件事	不要怕犯错，但要善于从错误中吸取经验	15
第三件事	按信息时代的法则对自己进行教育	27
第四件事	学会用良性债务挣钱	53
第五件事	尽快消除不良债务	81
第六件事	勇敢改变自己所处的现金流象限	93
结　论	从现在开始，提高财商	113
附　录		118

第 一 件事

做好为财务自由付出努力的准备

我们在很多书上都能看到勤俭持家的理念，还有许多所谓的理财专家会用他们的笔和嘴传达这样一些省钱策略：剪掉信用卡、节省开销、多交养老保险、开二手车、住小房子、使用优惠券、买特价商品、在家吃饭、给自己的孩子穿别人剩下的衣服、度假少花钱，等等。

对许多人来说这些策略都非常不错，它告诉我们在什么时间、什么地方省钱，但是我们不喜欢这些策略。我们希望享受高品质的生活。大房子、新车子、好玩的玩具及奢华的旅行多么令人向往，比往银行存钱有趣多了。我们中的大多数人同意智者所言的"勤俭节约"和"清贫度日"。但另一方面我们中的大多数人也都希望能拥有一张没有额度限制的白金信用卡：我的富豪叔叔帮我还钱，他在瑞士银行有私人账户，比阿拉伯石油酋长还有钱，跟比尔·盖茨似的。

我们认识到，生活中的那些乐趣、美好和浮华让我们欲罢不能，也让我们入不敷出。是欲望将我们带进财务困境，因此理财大师们才说:"剪掉信用卡,勤俭持家,买二手车。"

但是,我的富爸爸从来没跟我说过"剪掉信用卡",他也从来不说"勤俭持家"。他干吗要向我说那些他自己都不认同的建议呢?谈到节俭理念,他说:"节省可以让你变得富有。但问题在于,就算你富有了,你也是个'穷人'。你精打细算,你厉行节约,你什么都买最便宜的,你甚至从旅馆偷瓶装水。"他继续说:"对我来说,没有理由生前一贫如洗,死后家财万贯。为什么总有人活着的时候舍不得花钱,却在葬礼过后把一生的积蓄留给他们的孩子?"富爸爸发现,那些一生都厉行节约的人死后,他们的孩子总是会表现得像饥饿的鬣犬。他们不会好好打理父母留下来的财产,而是为了自己"应得"的那部分相互争斗,钱一到手就马上花得一干二净。

富爸爸不会建议我精打细算,他经常对我说:"如果你想要什么东西,看看它的价格,然后掏钱买下来。"他继续说:"必须记住,任何事情都有代价。节俭致富的代价就是你永远都是个'穷人'。"

成为富人的其他途径

你可以通过和有钱人结婚而变得富有。在纽约,我有一个同学,他经常说:"娶个有钱的姑娘不比娶个没钱的姑娘难。"毕业之后,就像他说的,他娶了个有钱人家的姑娘。我个人认为那不是大丈夫所为，但那也是变成富人的一种方法。

你也可以用抢劫来变得富有，我们都知道那种选择的代价。小的时候，我曾经想过戴着面具抢银行。现在，我发现西装革履的骗子到处都是，而且他们通常还是受人尊敬的。

还有别的办法，比如到赌场和赛马场豪赌，买彩票或者闭着眼把钱扔进股市。在互联网热潮袭来时，只要你说，"我要开一个网络公司"，就已经有许多人为你准备好支票了。

你还可以通过欺行霸市来变得富有。我们都知道欺行霸市会发生什么。最终，更大的恶棍会取代之前的那一个。或者，欺行霸市者发现，愿意和他做生意的人都是逆来顺受的人。

我们在前面说过，你可以通过省吃俭用变得富有。但这个世界并不认同那些富有却吝啬的人，比如查尔斯·狄更斯的经典作品《圣诞颂歌》中的斯克鲁奇。[①] 我们总会碰到这样的人：他们总是希望折扣更大，总是对着账单抱怨，总是找些这样那样的琐碎理由拒付账单。我有个开服装店的朋友，他对某些顾客的行为颇有微词，他们买下衣服，穿着去参加派对，然后回来要求退货。当然了，还有些人开着旧汽车，穿不合身的衣服，买廉价的鞋子，他们看上去很穷，但在银行里却有百万美元存款。

[①] 狄更斯的《圣诞颂歌》主要讲的是一个富有而冷漠无情，连乞丐都不愿向他讨要的自私透顶的吝啬鬼斯克鲁奇的故事。——编者注

尽管这些人通过省吃俭用变得富有了，但这种行为付出的代价远大于省下来的钱。就我个人来讲，我对省吃俭用这种做法拿不定主意，但是我发现，当我慷慨时，人们对我报以更多微笑，也更加喜欢我。举个例子，当我因为服务好而给了更多的小费时，我就会得到相应的回报。换句话说，相比节俭的人，人们更喜欢慷慨的人。

每个人都可以变得富有吗

富爸爸和我进一步讨论富有的代价。他告诉我："不同的人付出不同的代价。"

"'不同的人付出不同的代价'是什么意思？"我问。

他的回答是："我常常想，我们来到这个世上，都带着独一无二的天赋，比如唱歌、绘画、运动、写作、讲道、教学，等等。但尽管上帝给了我们这些天赋，我们还是需要努力开发这些天赋——个人的努力就是变得富有所要付出的代价。"

富爸爸继续说："这个世界上到处都是有才华、有天赋的聪明人，但他们并不都是有钱人和有专业水准的人，或者在人际关系方面不尽如人意。每个人都有天赋和优点，每个人也都会有需要改正的缺点和需要克服的困难。没有人是完美的。这就是为什么我说不同的人付出不同的代价，因为我们每个人都有不同的难处。那些认为生活应该一切从简的人是懒惰的人。"

我不知道富爸爸对懒人的看法是对还是错。但是，当我抱怨生活中的不如意时，他的观点对我是有帮助的。当我发现自己说"希望事情能简单点"时，我知道我变懒了。于是，我会停下来，审视自己的态度，问问自己，如果长期抱有这种态度会付出什么样的代价。很自然的，我意识到当我想要偷懒、想要吝啬或者表现得像个被宠坏的孩子时，我就需要扪心自问：这些行为会付出什么样的代价？

财富是付出努力得来的奖励

富爸爸同样会对我说："问问那些有钱人、名人和成功者，我保证他们会告诉你，他们每天都要面对个人的难处和内心的魔鬼。天下没有免费的午餐。比如说我，我创业时没有学历，也没有资金；父亲去世后，我还要养活一家人。13岁的时候，我遭遇了这些困难，后面还有更大的困难在等着我。我付出了努力，最后我得到了巨大的财富。事实证明，财富是付出努力得来的奖赏。"

安稳的代价

许多年来，富爸爸成功地让我和他的儿子迈克意识到凡事总有代价。我的爸爸，就是我称之为穷爸爸的人，他建议我找个"安稳的工作"，而富爸爸却说："记住，安稳是有代价的。"

当我问他代价是什么时，他回答道："对大多数人来说，安稳的代价是自由。没有了自由，生活中就没有梦想，许多人只是为了挣钱而生活。对我来说，有生之年如果不能实现自己的梦想，安稳的代价就太过沉重了。"

富爸爸还从赋税方面进行了分析，他说："那些为找一份安稳的工作而舍弃自由的人会交更多的税。这就是为什么那些有稳定工作的人比自己创业、为别人提供工作岗位的人交税更多的原因。"

我花了好几天时间去思考他的观点，以期能够完全理解。再次遇到富爸爸时，我问他："我必须在安稳和自由之间做出选择吗？就是说鱼与熊掌不可兼得吗？"

在得知我认真考虑过他提出的观点之后，富爸爸笑了。"不，"他笑着回答，"不是必须二选一，你可以同时二者兼得。"

"你的意思是我可以有一份既稳定又自由的工作？"我问道。

"当然，"他说，"我就是这样。"

"那你为什么说，对大多数人来说，稳定的代价就是个人自由？"我问，"为什么大多数人只能二选一，而你却能二者兼得呢？你有何过人之处？"

"代价，"富爸爸说，"我总是告诉你所有事情都有代价。

大多数人愿意为了稳定付出代价，却不愿为自由付出代价。这就是为什么大多数人只拥有其中一项：要么稳定，要么自由。"

"那为什么你既有稳定又有自由呢？"迈克问，他刚刚走进房间，只听到了对话的一部分。

"因为我付出了双倍的代价，"富爸爸说，"稳定和自由的代价我都愿意付出。这就和拥有两辆车是同样的道理。比如我需要一辆卡车，我还想要一辆跑车。如果两辆车都要，我就要支付两辆车的价钱。大多数人终其一生只肯为其中之一付出代价，而非两者兼顾。"

"所以，安稳是有代价的，自由也是有代价的，而你为这两样都付出了代价。"我重复着富爸爸说过的话，以便将这种理念铭记在心。

富爸爸点点头："是的。但是我还要补充一点。你看，我们无论如何都是要付出代价的，我们甚至会为不付出代价而付出代价。"

"什么？"我皱起眉头，不解地摇摇头。富爸爸说的话有点让人不知所云。

"我来解释一下。"富爸爸示意我们安静下来，他说："你们还记不记得，几周之前，我帮你们写牛顿定律的家庭作业？"

迈克和我点点头。

"还记得第三运动定律吗，两物体相互作用时，它们对各自对方的相互作用力总是大小相等而方向相反的？"

我们又点了点头。

"这就是喷气式飞机能飞的原因，"迈克说，"引擎向后喷出热气，飞机向前飞行。"

"是的，"富爸爸说，"牛顿的运动学定律是普遍适用的法则，它适用于任何事情，不仅仅是飞机引擎。"富爸爸看看我们两个，想知道我们是否听懂了他说的话。"任何事情！"为了确保我们能明白，他又重复了一遍。

"好吧，任何事情！"带着小小的疑惑，迈克重复了一遍。

富爸爸怀疑我们是否真的明白"任何事情"的含义，他继续说道："当我说'任何事情'时，我丝毫没有夸张。你们有没有复习我给你们上的财务报表课？你们还记得我当时说，如果有开支，就一定会有收入吗？"

现在，我开始明白他所说的"任何事情"了。牛顿的普遍适用的法则同样适用于财务报表。

"所以，每一项资产都一定有一项负债。"我说。为了让他知道我开始理解他的意思，我补充道："普遍适用的法则就是适用于任何事情的法则。"

"如果什么东西上升了，就会有什么东西下降。而且，有旧的，就有新的。"迈克补充道。

"正确。"富爸爸笑着说。

"那么，这个法则是怎么适用于为获得安稳和自由而付出双倍代价的呢？"迈克问。

"问得好。"富爸爸说，"这个问题很重要，因为如果你不付出双重代价，你无论如何也不可能两者兼得。换句话说，如果你不付出双重代价，你就不会得到回报。"

"什么？"我说，"不付出双重代价，就不会有回报？"

富爸爸点点头，解释说："那些只为了安稳而付出代价的人，可能永远不会得到真正的安稳，比如安稳的工作。一个人可能会有安稳的错觉，但是他们从来没有感受到真正的安稳。"

"所以，尽管我爸爸以为他自己有一份安稳的工作，但在内心深处他从来没有过真正的安全感？"我问道。

"是这样的，"富爸爸说，"因为他的付出只是流于形式，不是发自内心的。他越是为了追求工作稳定或是生活安稳而付出，他内心的不安就越强烈。"

"那种不安一定会表现出来吗？"迈克问。

"好问题。"富爸爸说，"不一定，有许多种反应。一个过得非常安稳的人，可能会表现得无所事事，也可能会表现得烦躁不安。他们想做出改变，但他们不敢。因为那就意味着放弃安稳的生活。这就是为什么我说每个人都面临不同的挑战，而且我们每个人都是独特的，我们对同一件事情有不同的反应。"

"就好像有些人看见蛇就会害怕，而有些人看见蛇却很高兴。"我补充说。

"是的，我们每个人都是不同的，千人千面。"富爸爸说。

"可是这些心理分析的目的是什么？"我问。

"这些分析是要让你们思考。我总是要求你们记住，任何事情都是有代价的。而且这些代价通常两倍于表面看上去的代价。按照牛顿的运动学定律，如果你只从一面发力，你可能认为你付出了代价，但你也许不会得到你想要的。"富爸爸说。

"你能给我们举个例子吗？"我问。

"我可以大致上举个例子，像我说的，我们每个人都是不同的，但是，永远记住，一般而言，事物都有两面性。"富爸爸说。

"举个例子，最好的雇主通常都是作为一名雇员起步的。他用之前作为雇员的经验发展出一套管理方式，授权他的雇员进行管理。"富爸爸继续说。

"所以，好的雇主会按照自己喜欢的别人待己的方式去对待他的雇员？"我问。

"非常正确。"富爸爸回答说。"现在，我们来看一个极端的例子。你认为怎样才能成为一个优秀的侦探？"

"成为一个优秀的侦探？"迈克和我一前一后重复地问，心里想着。富爸爸现在正开着车逆行。

"是的，一个优秀的侦探。"富爸爸继续说："作为一个优秀的侦探，他必须诚实、道德高尚、绝对正直。对不对？"

"我认为是的。"迈克说。

"但是，作为一名优秀侦探，同时还要像坏蛋一样思考，坏蛋是邪恶的、没有道德的，尽干一些违法的勾当。永远记住牛顿运动学定律。如果你不能像坏蛋一样去思考，你不会成为一个优秀的侦探。"富爸爸说。

迈克和我点点头。我们终于开始明白富爸爸所说的话了。

"所以，这就是那些通过省吃俭用攒下许多钱的人为什么仍然缩手缩脚的原因了，很多情况下，他们和没钱的人是一样的？"我问。

富爸爸继续说："为什么有些人只求安稳却感受不到安稳？或者，为什么有些人寻求低风险的投资，却从来不觉得安全？他们只在等式的一边下注，没有付出全部努力。他们违背了那个普世法则。"

迈克跟着说："这就是为什么打架需要两个人。想做一名优秀的侦探，就必须像一个十足的坏蛋那样思考；想降低风险，必须承受风险；想要富有，就必须知道什么是贫穷；想知道什么是好的投资，就必须知道什么是坏的投资。"

"大多数人都知道投资是有风险的，"我补充说，"如果他们想要投资稳健，那就必然会降低投资回报率。这也是为什么那么多人把自己的钱放在储蓄账户里的原因。他们为了安全、稳健，宁愿降低受益。但是，殊不知，他们的钱正在被通货膨胀蚕食。而且，他们还要缴纳很高的税费。所以，他们认为的'钱在银行里是安全的',其实并不安全。"

富爸爸同意我们的说法:"银行里有钱,好过银行里没钱。但是你说得对,存在银行里并不像他们想象的那么安全。这种安全并不真实,它是有代价的。"

迈克转向他的爸爸,说:"你以前总是说,低风险高回报的投资是有可能的。"

"是的。"富爸爸说,"相对来说,不用缴太多税,也不用花太多钱,安全地得到20%~50%的回报率还是比较简单的——如果你知道该怎么做的话。"

"所以,你对我们说,"迈克说道,"你付出的代价比一般投资者愿意付出的代价高。"

富爸爸点点头:"永远记住,任何事情都有代价,而且那些代价并不总是用金钱来衡量的。"

省吃俭用的代价

当我听到理财大师说"剪掉你的信用卡、买一辆二手车、抑制你对生活的欲望"时,我知道他的本意是好的。但是,就像我的富爸爸说的,"任何事情都有代价"。通过省吃俭用来变成富人的代价就是你得继续省吃俭用。对我来说,要一个富人像穷人一样生活,是个太高的代价。

富爸爸还说:"问题不在于信用卡。有些人拿着信用卡却不懂理财，这才是问题所在。要想成为富人，学会理财是必须要做的事。"

　　为什么那么多人不喜欢剪掉信用卡这个办法？因为那意味着要压抑他们的生活欲望。如果可以选择，我想绝大多数人都愿意像富人那样享受生活。而实际上如果他们真的愿意付出努力的话，他们完全是可以选择的。

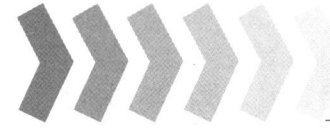 第 二 件事

不要怕犯错，但要善于从错误中吸取经验

15岁的时候，我英语考试不及格，因为我的单词拼写很差劲，也不会写作文。或者，我应该说，我的英文老师不喜欢我的作文。这就意味着我不得不留级。

　　这件事对我造成的痛苦和尴尬来自许多方面。首先，我的父亲是夏威夷岛的教育部长，掌管着40多所学校。"教育部长的儿子学习不好"，非议和嘲讽从我们学校开始，一所一所传开了，最后传到了教育部大楼。其次，考试不及格意味着我得和我的妹妹一起上课。换句话说，她进步了，而我退步了。再次，这也意味着我不会收到大学足球队的通知书，而我深爱这项运动。

　　收到成绩单的那天，看到英语不及格，我一个人去了教学楼后面的化学实验室。我低头看着冰冷的水泥地面，蹲在地上，膝盖顶着胸，后背靠着木板墙面，哭了起来。几个月前，我预料到英语可能会不及格，但当成绩单发下来时，我还是控制不了自己的情绪。我一个人在实验室里待了好几个小时。

好消息是，我的好朋友迈克，富爸爸的儿子，英语也不及格。当然，他考试不及格也不是什么好事，但至少在这痛苦中有人跟我做伴了。看到他骑车径直穿过校园要回家，我向他招手，但他没有停下来，摇摇头，继续骑走了。

晚上，当我的兄弟姐妹们上床睡觉后，我告诉了爸爸妈妈我英语不及格和需要复读的事情。尽管早有准备，但在这个消息得到确认后，他们仍然难以接受。

我爸爸静静地坐着，点点头。他面无表情。但是，我妈妈的表情就复杂多了。从她的脸上能看得出来，她既伤心又生气，她问我爸爸："这是怎么回事？他真的会留级吗？"

我爸爸只说了一句话："这是政策。我会处理这件事的。"

几天之后，我爸爸，就是我所说的穷爸爸，调查了这件事情。他发现，我班上32个学生中，那个老师把15个学生判为不及格，8个学生得了D，1个学生得了A，4个学生得了B，剩下的得了C。不及格的这些学生中，大部分都是二年级学生里面学习优秀的，我们中的大多数都打算上大学。

由于不及格的比例太高，我爸爸以教育部长的身份要求学校校长开展公开正式地调查。调查从约谈班里的学生开始，到将那个老师转至另一个学校结束，结果是：老师和学生都有错误。此时，有个特别暑假学校为想要提高成绩的学生提供了学习机会。我在那个暑假，花了三周时间将英语成绩提高到了D，这样我就能和其他同学一起升上三年级了。

我的穷爸爸对我说:"把这次考试失利当成是人生中非常重要的一课。你能从中学到很多,也可能一无所获。你可以生气,可以责怪老师,甚至怀恨在心。但你也可以审视自身的行为,从这场经历当中更深刻地认识自己,得到更大的成长。那么多人不及格,我不认为那个老师应该受到表扬。但是,我认为你和你的朋友确实还需要做得更好。希望你和你的老师都能从这件事上吸取教训。"

必须承认,对这件事我确实怀恨在心。直到今天,我还是不喜欢那个老师,但是我的心态变了,我的学习习惯改进了,最后我顺利从中学毕业,并成为仅有的两名得到国会提名的从夏威夷州去美国商船学院①学习的学生之一。1969年,我从商船学院毕业,获得硕士学位。

在学院里,我克服了写作恐惧,实际上,我爱上了写作,尽管从技术上讲我不是个好作者。感谢诺顿(A.A Norton)博士,他在学院里教了我两年英语,是他帮助我建立自信,克服过去对写作的恐惧。如果没有诺顿博士,我想我不会成为《纽约时报》和《华尔街日报》的畅销书作家。

---

① 美国商船学院:United States Merchant Marine Academy,简称USMMA。美国海军的精英院校,主要负责培训海军陆战队,基本上为辅助海军、支持海军,尤其是在战时,运送物资和军人。该学院的招生过程相当严谨,要求候选人必须由国会正式提名,参议员或其他人员由联邦政府批准。申请人还必须通过各种测验和身体、心理考验。——编者注

最重要的是，我接受了穷爸爸的建议，在困境中积极作为。回顾过去，我明白，中学二年级时的英语不及格和差点留级的经历其实是件好事。那件事情促使我开始认真学习，修正我的学习态度和学习习惯。现在，我认识到，如果在中学二年级时我没有改正那些错误，我肯定不能顺利地从美国商船学院毕业。

富爸爸的观点

教我和迈克英语的是同一个老师。富爸爸也因为迈克英语没及格而烦恼。他感谢我的穷爸爸对此事进行的干预，以及设立暑期学校为我们提高成绩的计划。但是，他却利用这个教训给迈克和我上了不一样的一课。

"咱们的生活毁了。"我说。

"有什么用啊？因为那个老师，我们永远也学不好。最重要的是，我们必须在课堂里度过夏天。"迈克说。

英语挂掉之后，迈克和我抱怨了许多。从某种程度上说，我们感到未来至少是这个夏天已经离我们远去了。我们看到那些所谓的聪明孩子阔步向前，而我们则落在后面。许多同学从我们身边走过，嘲笑我们。少数人叫我们"失败者"。有时候，我们听见他们在背后说："成绩不好就别想上好大学。""如果你觉得中学英语难，那到了大学再学吧。"我们试着把这些恶言恶语视为稀松平常的事情，一笑而过，但是内心却备受煎熬，我们真的觉得自己失败了、落在后面了。

有一天，暑假学校放学之后，迈克和我坐在富爸爸的办公室谈论同学对我们的评价和我们对他们的看法。富爸爸听到了，他坐下来直视着我们的眼睛，说道："我真是听够了你们两个小男孩的嘀咕和抱怨。你们觉得自己是受害者，是失败者，我真是受够了。"

他坐在那里瞪着我俩："够了够了。你们挂科了，那又能怎么样？你们挂一次科不代表你们就失败了。看看我失败过多少次吧。所以，别再自怜自哀了，别再让你们的同学影响你们了。"

"但是我们现在的成绩不好，"我反驳道，"那些不好的成绩会跟随我们一辈子。我们怎么能进一所好学院或者好大学？"

"听着，"富爸爸说，"如果你们两个让一次坏成绩毁了你们的生活，那你们就真的没有未来了。如果你们被一次坏成绩拖垮，那你们就会被现实打败。真实的生活比中学英语更难对付。如果你责怪你的英语老师，认为英语老师是坏蛋，那么，当你踏入社会后，你会幡然醒悟。校园以外的世界，充满了各式各样的人，比起你们的英语老师来，他们更粗暴、更苛刻、更难对付。如果你们因为一次不好的成绩和一个英语老师就毁了你们的未来，那说明你们本来就没有什么未来。"

"但是那些嘲笑我们的孩子怎么办？"迈克问。

"好啦，"富爸爸轻声一笑，又迅速停下，说，"看看有多少人在批评我吧！罗伯特，想想你爸爸多少次公开批评我？多少次我俩的名字出现在新闻中？多少次我被称为'贪婪的商人'？如果你们让一帮满脸青春痘的小孩给打败了，那你们就真的失败了。"

富爸爸继续说："成功人士和普通人的区别之一就在于你能够承受多少非议。普通人承受不了太多非议，因此他们一生碌碌无为，他们当不了领导。普通人惧怕他人对自己的评价，他们生活在对非议的恐惧中。但是人们总是会批评他人。你看，我批评你爸爸，你爸爸也批评我。尽管如此，我们仍然尊重对方。"

"但是，如果你被别人批评，至少说明你受到别人的关注。不管你是好还是坏，总有三分之一的人不喜欢你，还有三分之一的人对你毫不关心。生活中，你所要做的就是忽略那永远不喜欢你的三分之一，尽最大努力争取中立的那三分之一加入到喜欢你的行列中来。这就行了。比受到批评更糟糕的是没有人批评你。"他笑着说。

"所以，大人也生活在对他人的恐惧中，也会受到批评？"我问道，我尽力扯回话题不受富爸爸笑声的影响。他觉得这很有趣，但我却不明白其中的幽默。

富爸爸点点头，并且变得严肃起来："这是大多数人都惧怕的事情。害怕受到排斥，害怕与众不同，害怕特立独行。

这就是公众舆论最令人感到害怕的地方，对许多人来说，它比死亡更可怕。"

"所以，人们总是服从大多数，并把自己隐藏起来，因为他们害怕受到批评？"迈克问道。

"是的，大多数人在普通人群中更有安全感，他们生活在害怕受到批评或是害怕自己与众不同的恐惧中。大多数人发现，普通一点、正常一点更为容易，把自己隐藏起来更为容易，做和别人一样的事情更容易与别人融洽相处。"富爸爸说。

"你说从长远看来，挂掉英语这件事情对我们来说是件好事，为什么？"迈克问。

"欲速则不达。"富爸爸紧接着回答。

"但是那些分数怎么办？那些分数会永远跟随着我们。"我低声抱怨道。

富爸爸摇摇头，然后弯下腰来对我严肃地说："听着，罗伯特，我要告诉你一个大秘密。"他停顿一下，确保我在认真地听，没开小差。然后他说："银行经理从来没问我要过成绩单。"

一语惊醒梦中人，这句话打破了我所认为的"坏成绩毁掉一生"的观点。

"你说什么？"我低声问，我不能完全理解他说的话。

"你听到了。"富爸爸说，他坐回到自己的座位上。他知道我听得清清楚楚。他把他的观点植入到了我的心里。他知道,这句话颠覆了我们家——一个教育世家的核心价值观。在我的家族里,成绩单和好成绩几乎是神圣不可侵犯的。

"银行经理从来没问你要过成绩单?"我轻声问,"你是说学习成绩不重要吗?"

"我说过吗?"富爸爸问,"我说学习成绩不重要了吗?"

"没有。你没说。"我很尴尬。

"那我说的是什么?"

"你说'银行经理从来没问我要过成绩单'。"

"当我见到银行经理时,他不会说'给我看看你的成绩单',对吧?"富爸爸问。

没等我回答,他又问:"银行经理会问'你是不是个全优生'吗?他会看着我的成绩单说'哇,你的成绩不错。让我贷给你一百万美元吧'?他会说这种话吗?"

"我认为不会,"迈克说,"至少我在你办公室的时候,从来没见过银行经理问你要成绩单。而且我知道,如果按照平均成绩来贷款的话,他肯定不会贷给你。"

"那么他问我要什么了?"富爸爸问。

"他要你的财务报表。"迈克轻声说,"他总是要你的资产负债表和最新的损益表。"

富爸爸继续说:"银行经理总是要财务报表,问每个人要。在贷款之前,他们为什么要向富人、穷人,受过教育的、没受过教育的,向每个人要财务报表?你们认为是为什么?"

迈克和我慢慢地摇摇头，不知如何作答。"我从来没想过，"最后，迈克说，"你告诉我们吧。"

"因为离开学校之后，你的财务报表就是你的成绩单。"富爸爸低沉而有力地说，"问题在于，许多人离开学校之后，不知道什么是财务报表。"

"离开学校后，财务报表就是成绩单？"我觉得难以置信。

富爸爸点点头。"你的成绩单之一，而且是一份非常重要的成绩单。另外，你每年的健康体检表，包括你的体重、血压，还有你的婚后感情生活状况等，都是你的成绩单。"

"所以，一个人也许学习成绩全是A，财务报表却全是F，你是这个意思吗？"我问。

富爸爸表示同意："这经常发生。通常，那些学习成绩好的人的平均财务状况都不太好。"

好成绩在学校管用，好财务状况在社会管用

对我来说，15岁的那次英语写作不及格转变成了一次宝贵的经验，因为我意识到我对学习产生了一种不好的态度。不及格像闹钟一样将我惊醒，修正错误。同时，我也认识到，在人的一生当中，学习成绩在学校时重要，而财务报表就是离开学校后的成绩单。

富爸爸对我说："在学校里，学生每季度会得到一份成绩

单。如果一个学生的成绩不好，只要他愿意，至少还有改进的机会。但在真实的人生中，许多成年人收到自己的财务报表时为时已晚。因为他们不会每个季度做一份财务报表，没有通过必要的改进措施来实现安稳的生活。他们也许拥有一份高收入的工作、一幢大房子、一辆高档轿车，而且在工作中也得心应手，但实际上他们的家庭财务状况却非常糟糕。当他们最终发现自己的财务状况不佳时，他们也许已经风烛残年，无力回天。这就是没有季度财务报表带来的后果。"

从错误中学习

两位爸爸都因为自己的儿子学习成绩不好这一事实而心情不佳，但他们同时又没有将我们视为失败者。相反，他们鼓励我们从错误中吸取教训。就像我的老师爸爸说的，"'犯错'是动词，不是名词"。

不幸的是，太多的人以为犯错之后，动词就变成了名词，认为自己"失败"了。就像小孩学骑自行车要从不断摔倒中学会一样，如果人们能够从错误中学习，那就可以打开一个崭新的世界。如果他们像常人那样害怕犯错误，或者犯了错误不肯承认，甚至责怪他人，那么他们就失去了学习的主要途径——犯错误，并从错误中获得新知。

如果不是15岁时英语不及格，我可能没有机会从大学毕业，而且，我也可能不会知道离开学校之后，我的个人财务报表就是我的人生成绩单。15岁时犯下的错误对我漫长的人生来说是无价的。得到巨额财富的那一小部分人，就是因为他们犯了足够多的错误。如果能从错误中得到新知，那么错误就是无价之宝。

那些犯了错却不能从中吸取教训的人，通常会说："这不是我的错。"说这句话的人浪费了生命中最重要的礼物——犯错带来的礼物。监狱里关着的人都会说："我是无辜的，那不是我的错。"大街上挤满了碌碌无为的人，因为他们总是牢记在学校和家里学到的东西："做事要稳当，别犯错，犯错不好。人如果犯了太多错就是失败。"

我在演讲时经常说："我今天之所以站在你们面前，是因为我比你们当中大多数人犯的错误都多，损失的钱也比你们大多数人更多。"换句话说，变成富人的代价就是不怕犯错，犯了错之后不抱怨、不解释，承认它，并从中学习。那些极少获得成功的人是那些不敢犯错，或者犯了错不能从中学到东西的人。他们第二天早晨起来继续犯同样的错误，从来不吸取教训。

第三件事

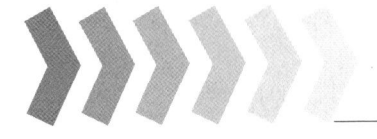

按信息时代的法则对自己进行教育

偶尔,我会被问:"你是说上学没必要吗?"

我的回答斩钉截铁:"不,那不是我的意思。教育的重要性比以往任何时候都大。我的意思是说,我们的教育体系落伍了。我们还在用过去工业时代的体系来处理现在信息时代的问题。"

根据经济学家的说法,1989年柏林墙倒塌,互联网兴起,工业时代终结,信息时代正式来临。

简单的转变对比:

工业时代	信息时代
工作安全	金融安全
为生活而工作	自由选择职业
单一职业	多个职业

（续表）

固定收益养老金计划	固定缴款养老金计划—401（k）①
雇主是可靠的	雇员是可靠的
社会保障是确定的	社会保障不确定
医疗保障是确定的	医疗保障不确定
资历是资本	资历是负担
薪酬随工龄上涨	工资上涨是负担

为什么安稳的工作不再是问题

许多人的父母成长于大萧条②时代。那个历史事件对他们的精神造成了严重影响。这就是他们为什么总是强调"取得好成绩你才能得到一份安全稳定的工作"。

但今天的问题是金融安全，而不是工作安全。从大的方面来说，是因为养老金制度发生了转变：在工业时代，养老金由雇主支付，收益是固定的；而在信息时代，养老金是雇

---

① 401（k）计划始于20世纪80年代初，是指美国1978年《国内税收法》新增的第401条k项条款的规定，适用于私人盈利性公司。401（k）计划是一种缴费确定型计划，实行个人账户积累制，其建立需符合一定条件，由雇员和雇主共同缴费，缴费和投资收益免税，只在领取时征收个人所得税。雇员退休后养老金的领取金额取决于缴费的多少和投资收益状况。——编者注

② 大萧条（The Great Depression），是指1929年至1933年之间全球性的经济大衰退。——编者注

员支付，缴款是固定的。今天的固定缴款养老金计划有以下三个主要问题：

1. 养老基金是由雇员建立起来的。
2. 养老金计划被纳入到股市中。
牛市，则养老金高。
熊市，养老金也受波及。
3. 当退休人员的资金需求达到峰值时，固定缴费养老金计划中的资金可能被耗空。

举个例子，退休者的年龄到了85岁，他们的养老基金耗空了。他们之前的雇主对这些退休者不负任何责任。相反，工业时代的固定收益养老金计划会一直向退休者支付养老金，直至其死亡，与年龄无关。

政府的社保和医保计划也让我担忧。两者之中，我最担忧的是来自美国医保体系的威胁。我们老了以后，生活上的开销也许降低了，但我们的医疗费用会像火箭般蹿升。生一次大病可能会让一个人倾家荡产。

今天，医疗费用导致的威胁正在扩大，一个人破产不是由于财务疏于管理，而是由于得了大病。我一个朋友的朋友在一次车祸中受伤。他是家里的顶梁柱，但是他的医疗保险没有买全，只好卖掉所有家当支付医疗费用。更糟糕的是，他最小的妹妹又被诊断患了白血病。现在，整个家庭都在寻求慈善捐助，接受任何愿意帮助他们的人的帮助。

什么是滞后时间

滞后时间是指新的创意概念从提出到被产业实体接受的时间。在经济世界，计算机业的滞后时间大约是一年，航空业的滞后时间大约是两年。就是说，在计算机业或航空业，一个新的创意构思出来后，只需要一两年时间就会被应用到产业实体中。但教育业和制造业的滞后时间大约是50年，是滞后时间最长的两个产业。

工业时代已经终结了。虽然许多人希望教育系统能追上创新的步伐，但我怀疑教育部门要到2040年才能认识到这一点，这也是许多家长不再让孩子去学校而选择家教的原因之一。

不仅仅产业实体有滞后时间，人的观念同样会滞后。爱因斯坦的 $E=mc^2$ 是工业时代的公式。在工业时代，世界上有两个霸主，人们生活在对两个霸主国之间爆发核战争的恐惧中。但在信息时代，互联网的世界里没有霸主。现在摩尔定律①主宰一切。摩尔定律揭示出信息和技术的更新迅速，每18个月就会成倍增长一次。也就是说，每18个月，我们就要更新一次自己的信息，否则就有落后的危险。所以在信息时代，问题不是你拥有多少学识，而是你能学习多快，因为被时代淘汰只需要18个月的时间。所以，从那些跟不上时代的人那里获取建议是危险的，他们给你的往往是过时的答案。这些过时的答案在游戏里或许管用，但是在现实世界中毫无用处。

在信息时代我们需要什么样的教育

从许多方面来说，我的两个爸爸都是伟大的教育家。他们教给我他们认为重要的东西，但又各不相同。教育有许多方面，比如体育、音乐和心灵，所有这些方面都很重要，但下面三个是最基本的，在信息时代它们受到的冲击最小。

1. 学术

教你阅读、写作和算术。

---

① 摩尔定律由英特尔（Intel）创始人之一戈登·摩尔（Gordon Moore）提出，其内容为：当价值不变时，集成电路上可容纳的晶体管数目约每隔18个月便会增加一倍，性能也将提升一倍。这一定律揭示了信息技术进步的速度。——编者注

2. 专业

教你能挣钱的工作技能，比如学习如何做一名医生、律师、管道工、电气工、秘书或者老师。

3. 金融

教你如何理财。

首先，我们看学术方面，如果一个人不能读、不能写、不会算数，一般来说他的生活会很艰难。不幸的是，不少学生离开学校后，这三种学术基本技能还是掌握得不好。

《亚利桑那共和报》曾在头条位置发表了一篇文章：《洛杉矶多所学校阻止大批学生升学》。文章大意如下：

• 全美第二大教育系统今年计划让大批不达标的学生留级。

• 洛杉矶联合学区官员最初计划让多达711 000名学生留级，但升级标准放宽松了，因为担忧大量的留级生会让学校人满为患。

将近72万名学生考试不及格，因为他们达不到基本的阅读、写作和算术要求。而官方之所以让这些学生升学，是因为这么多不及格的学生会让学校背上沉重的负担。这是一个教育产业滞后时间的例子。显然，时代已经改变，教育系统仍然沿袭传统的教学方法，许多学生因此不能赶上时代的步伐，面临着在学习阶段就被淘汰的危险。

职业教育的重要性同样是非常明显的。举个例子，一个刚刚毕业、只有高中文凭的人，每小时大概只能挣10美元。而同一个人，去电校学习后，就能很容易地把薪水提高至50美元每小时。每小时相差40美元，每天工作8小时，每周工作5天，每年有52周，工作40年，把这些数字乘起来，任何人都会发现，职业教育在时间和金钱上的回报都是最好的投资之一。而当你知道要想成为一名医生，要比高中毕业生多花10至15年的时间，那我们就会觉得医生比我们多那一点薪水是应得的。

不管你的学习成绩好不好，你将会成为一个医生还是一个门卫，你都需要基本的金融教育。为什么？因为不管你做什么，将来成为什么，都得与钱打交道。我过去常想，为什么不能在学校里教教理财？为什么教育系统那么重视学习成绩，在真实的世界里，银行经理从来没要求我出示过成绩单？

我经常问搞教育的人这些问题。他们的回答是，"在学校，我们确实有经济学课程"，或者"许多学生在股市中学习投资"，或者"我们为那些对商务感兴趣的低年级学生提供商务实习"。

我认识到，教育工作者们正在尽最大努力教授他们所知道的东西。但是，如果问一下银行经理，他们会告诉你，在经济社会中，他们需要的不只是股票投资组合，也不只是学生的经济学成绩。

让我们来举个缺乏金融教育的例子：税。我们中的大多数人都知道"税"是我们最大的开销之一。挣钱、花钱、存钱、投资和死亡都需要缴税。如果我们将税率高的工资税和税率较低的收益税做个比较，40年的税额总数差别惊人。为什么那么多人"上过学、成绩好、工作好"却还在为钱挣扎，其中的一个原因很简单，他们的钱都到政府那里去了——无论这个政府是教育了他们还是没教育他们。而且，税的问题在广阔的金融教育世界中只是冰山一角。

现在，我们来计算一下一个看不懂财务报表，甚至不知道什么是财务报表的人的损失。或者说，这个人不知道资产和负债、良性债务和不良债务、债务和股本的区别；或者不知道被动收入、主动收入和股票收入的区别。缺乏基本的金融知识会损害一个人的基本财商。正是缺乏财商，才导致许多人努力地工作、赚很多钱，但在财务问题上却仍然失败了。他们的工作也许很安稳，但他们永远也找不到财务自由。

我的富爸爸经常说："财商不是你能赚多少钱，而是你能保有多少钱，知道怎样让钱为你工作，你能为后代留下多少钱。"

穷人家的孩子和中产阶级家的孩子在创业时遭遇资金问题的主要原因之一，是他们的父母没存下多少钱。我的父母给我们这些儿女留下的钱就非常少，但是富爸爸一开始就给他的孩子留下了上百万美元。据说，小约翰·肯尼迪死后，给她妹妹卡洛琳的两个孩子每人留下了上亿美元。

花时间思考一下，如果刚生下来就有人给你1亿美元，你的人生会有什么不同？你还会像现在这样每天早晨挤着地铁去上班吗？即使这份工作实际上你根本不愿干！

基本的金融教育

当人们问我"在金融上，我需要了解哪些方面的问题"时，我总是回答："问问银行经理对他们来说什么是重要的，你就会知道，在金融方面你需要学习哪些知识。"这也是我高中因为英语不及格差点留级时富爸爸教我的。如果不是高中时成绩不好，我可能永远不会知道银行经理不在乎我的成绩单。像富爸爸说的，银行经理只问我们要财务报表，但大部分学生毕业后还不知道什么是财务报表。而知道的人只是简单地填写一下银行提供的财务报表，而不是提交自己准备的财务报表。

大多数人认为，贷款就是向银行讨钱，而不是告诉银行经理贷款给你的理由。永远记住：银行经理的工作是贷款给你，而不是拒绝贷款。因为银行家只有把钱借给你，他才能赚钱。如果银行经理拒绝向你贷款，他会像个老师一样对你说："你的'成绩'不合格。"这时，不要对银行经理怒目相向，而应该抓住机会问问他，正确的做法是什么，应该怎样改进自己的财务报表。

财务报表中什么是重要的

不同的人关注财务报表的不同方面。财务报表就像是在记录你的个人生活故事。它告诉读者，一个人在管理自己的财产时是聪明的还是愚蠢的。下面是我的富爸爸教给我的看财务报表的方法,使用我发明的"CASHFLOW 101"（现金流）游戏，这个游戏是用来培养金融素养和教授基本投资知识的。

收入的三种类型

富爸爸教给我三种不同的收入类型：

1. 一般所得；

2. 证券投资组合；

3. 被动收入。

今天，当我看一个人的个人财务报表时，我基本上能说出这个人是富人、穷人还是中产阶级，只看收入栏即可。

下面是现金流游戏中的财务报表，它告诉人们如何使用财务报表。

职业			玩家	
目标：避免无意义的竞争，通过使你的被动收入大于总开支而进入快车道				
收入表			审计员	
类型	现金流		（你右边的人）	
薪水：			被动收入：$ _____	
利息/红利：			（利息/红利＋房地产/生意的现金流）	
房地产/生意：				
			总收入：$ _____	
支出税：			子女数量：_____	
房贷支出：			（从0子女开始游戏）	
助学贷款支出：				
汽车贷款支出：			每个孩子	
信用卡支出：			的开销：$ _____	
消费支出：				
其他费用：				
子女费用：			总开销：_____	
贷款支付：				
			月现金流（薪水）：$ _____	
资产平衡表			（总收入－总开销）	
资产			负债	
储蓄：			房贷	
股票/基金/存款证 ＃股份 费用/份额			助学贷款	
			汽车贷款	
			信用卡	
			消费	
房地产/生意 首付款 费用			房地产/生意	按揭/负债
			贷款	

（箭头指向"薪水："行）穷人和中产阶级重视薪水（也就是一般性收入），他们想得到一份工资尽可能高的工作。

　　这个财务报表是穷人或者中产阶级填写的，因为收入栏里只有一般性收入，即工资，他们的收入组成和富人的收入组成相去甚远。一般性收入基本上不可能让你变成富人，因为每次涨工资，政府的税率也会相应提高。进一步说，如果这个人停止工作，一般性收入也就没了。

下面的财务报表显示，这个人很可能会越来越富有。为什么？因为这个人有来自资产的被动收入，比如房地产和生意，这些收入的税率都很低。他们同样还有证券投资组合的收益，比如股票和证券，以及其他投资。

通过资产创造的被动收入，能让一个人变得更加富有。

职业			玩家	
目标：避免无意义的竞争，通过使你的被动收入大于总开支而进入快车道				
收入表			审计员	
类型	现金流		（你右边的人）	
薪水：			被动收入：$ _____	
利息/红利：			（利息/红利 + 房地产/生意的现金流）	
房地产/生意：				
			总收入：$ _____	
支出税：			子女数量：_____	
房贷支出：			（从0子女开始游戏）	
助学贷款支出：				
汽车贷款支出：			每个孩子	
信用卡支出：			的开销：$ _____	
消费支出：				
其他费用：				
子女费用：			总开销：$ _____	
贷款支付：				
资产平衡表			月现金流（薪水）：$ _____	
			（总收入 — 总开销）	
资产			负债	
储蓄：			房贷	
股票/基金/存款证	#股份	费用/份额	助学贷款	
			汽车贷款	
			信用卡	
			消费	
房地产/生意	首付款	费用	房地产/生意	按揭/负债
			贷款	

富人重视资产创造的被动收入和有价证券组合收益。

肯尼迪家的孩子永远不需要辛苦工作，拿固定薪水。为什么？因为他们的父辈们知道，有价证券组合收益和被动收入才是让人变得富有的收入。如果你有1亿美元的有价证券投资组合，那么被动收入和有价证券收益会让你过上比明星更好的生活。

对任何想变得富有的人来说，这个现金流游戏都是非常有用的，因为这个游戏可以教会人们如何转化一般性收入，也就是将一般性收入转化成被动收入和有价证券收益。我前面说了，要想通过一般性收入变成富人是不可能的。不幸的是，大多数人都试图这么做。

更重要的是，这个游戏还可以教会人们怎样使用财务报表。有些东西不是从书本上就能学会的，反复玩这个游戏可以让玩家掌握财务报表的技巧。它同样还教会人们区分良性负债和不良负债。通过玩这个游戏，你会打破从前那种从家人和学校那里学到的通过努力工作来挣钱的常规思维，从而学会让钱为你工作。

对现金流游戏101的投诉

针对现金流游戏101最常见的三个投诉，我提出一些建议和解释：

1. 学习时间太长

学习整个游戏共需四小时,我建议分两部分:三小时玩游戏,一小时回顾游戏,向其他玩家学习。玩家反映,一小时回顾部分或者叫"盘问"其他玩家部分是游戏最好的部分。在回顾部分,玩家可以将游戏和真实生活中的财务困难结合起来。这两个部分结束后,你可以尝试不同的金融策略赢得游戏。这个游戏与象棋很像,取胜的方法多种多样。每次玩这个游戏,都会给玩家带来不同的财务困难。通过在游戏中解决不同的财务困难,你的财商将得到提高。

2. 玩游戏时间太长

玩这个游戏确实要花很长时间,特别是第一次玩的新手。但是,玩家学会了如何处理游戏中的财务困难后,玩游戏的时间就会缩短。游戏目标是坚持玩下去,看看你能不能在一小时内完成游戏。换句话说,随着你的财商的提高,游戏的时间会相应缩短。

3. 成本太大

这个现金流游戏是专门为那些严肃对待自己的金融教育的人而设计的教育工具。一项市场研究表明,如果游戏太便宜,人们只会把它当做娱乐,而不是一个整体教育方案。

现金流游戏只为那些严肃对待自己的金融教育的人设计。就像富爸爸说的:"你只能投资两样东西:时间和金钱。"大多数人在金融教育上既不愿意投资时间也不愿意投资金钱,这就是为什么100个人里只有1个人在65岁时能得到巨额财富的原因。

谁给你的试卷评分

在学校里,成绩单的一个重要用途是作为你的学习评价指标,告诉你哪里需要改进。许多人真的从来不知道自己的财务状况,不知道离开学校后财务报表就是自己的成绩单。许多人没有最大限度地扩大自己的潜在收入,他们中的大多数人终其一生都被财务问题困扰不已。

我的穷爸爸,在学校里是全优生,直到50岁丢掉工作那一年才真正发现自己在金融理财方面失败了。悲哀的是,尽管他在50岁时知道自己陷入了财务困境,但却不知道该如何应对。他所知道的只是现在花钱比挣钱快,但他却无力扭转。这就是不知道如何准备和解读财务报表、在理财失败后没有自我纠正的代价。通过玩现金流游戏,你能够更好地理解财务报表的重要性,它是你人生的成绩单。

回到现金流游戏101的财务报表中,你会注意到审计员那一栏。

职业			玩家	
目标：避免无意义的竞争，通过使你的被动收入大于总开支而进入快车道				
收入表			审计员	
类型	现金流		（你右边的人）	
薪水：			被动收入：$ _____	
利息/红利：			（利息/红利＋房地产/生意的现金流）	
房地产/生意：				
			总收入：$ _____	
支出税：			子女数量：_____	
房贷支出：			（从0子女开始游戏）	
助学贷款支出：				
汽车贷款支出：			每个孩子	
信用卡支出：			的开销：$ _____	
消费支出：				
其他费用：				
子女费用：			总开销：$ _____	
贷款支付：				
资产平衡表			月现金流（薪水）：$ _____	
			（总收入－总开销）	
资产			负债	
储蓄：			房贷	
股票/基金/存款证 #股份 费用/份额			助学贷款	
			汽车贷款	
			信用卡	
			消费	
房地产/生意 首付款 费用			房地产/生意	按揭/负债
			贷款	

你的财务意识：审计员。

　　好几次，我在研讨会上看参会者玩游戏，我发现玩家不填写审计员那一栏。当我问他们为什么不填的时候，通常的回答是："这个重要吗？""我不需要别人来检查我。"在这一点上，我坚持己见，我让他们知道，审计员，就是游戏中的另一位玩家，在这种情况下是最重要的一个环节。这个游戏是为了强化良好的金融习惯，让那些想变得富有的人的财务报表得到以良好金融习惯为基础的检查。很大程度上，你的审计员就像是你在学校时的老师，老师按照基本规则检查你的"作业"，让你知道学得如何，帮助你进行必要的改进。

　　我的妻子金（Kim）和我每个月都会像这样进行两次金融审计，我们已经形成了习惯。我们的会计师每个月来两次取走我们的财务报表和支票簿，细致地检查我们的财务状况。当我们手头拮据时，这个过程令人痛苦，就好像看到成绩单上写着 D 或者 F。但是，吸取教训、改正错误、改善我们的财务状况之后，每月两次的审计就变得有趣了。像看到自己的试卷得到了满分一样，我从来不知道学习还有这么大的乐趣。

　　1985 年，我开始和金一起生活，那时我们很少在意财务报表。在负债那一栏里，过去的欠账非常严重，而且，在资产那一栏里，我们一无所有。看财务报表对我们来说非常痛苦。就好像用 X 光看癌症患者，对我们来说，我们的财务得了"癌症"。

　　现在，在资产那一栏里填得满满的，一般性收入、被动收入、有价证券收入等收入进项增多了，数字后面的零也增多了。我们的被动收入和有价证券收入远大于我们开支栏里的开支。

  1985年,我们为了生活必须工作,而现在,我们工作是因为愿意工作。我想,如果没有富爸爸的金融教育这是不可能实现的。如果他不教我,我不会知道财务报表的重要性。我不会知道一般性收入、被动收入和有价证券收入之间的区别。我不会知道合作的重要性,不会知道如何保护我的资产、如何减少纳税。我也不会明白每月两次审计的重要性,不会知道每月接受两次测试和评价是实现财务自由的基础。借助富爸爸对我进行的金融教育,我没有剪掉信用卡、没中彩票,也没上游戏节目,就变得富有了。

我现在的收入栏

  现在,我和金的收入栏是这样的:

一般性收入	10%
有价证券收入	20%
被动收入	70%

  几天前,一家报社的记者问我:"你有多少钱?你的薪水是多少?"

  我回答:"不是很多。我不会告诉你我的薪水是多少。我只能说，我的薪水可能没你多。"

他摇摇头笑道："那你还写了关于钱的书？"他继续说，他鄙视那些凭空捏造感情问题的作者，正如他鄙视那些写钱却没有钱的作者。采访结束了，他走了。

现在，你们都接受了金融教育，你们应该能明白我为什么会这样回答。我的薪水很少，因为那是一般性收入，要缴最高的税。既然政府要拿走其中的大部分，我何必要更多的薪水呢？我应该做的，是拥有更多的被动收入和有价证券收入，这样才能保住我的财产。

职业收入

还有一点需要提及，我今天的收入不是来自于我所学的专业。高中毕业后，我考入了美国商船学院，在那里我接受的训练是如何做油轮、货轮、客轮的船长。后来，我进入了美国海军飞行学校，曾在彭萨科拉（Pensacola）、佛罗里达接受专业的飞行员训练。而今天，我的收入与这两个专业毫无关系。

我的被动收入中的大部分来自我在学校挂掉的那个科目。如果你还记得，我15岁时差点因为英语写作不好而留级。正是由于那次挫折，我提高了我的写作水平，现在我的作家身份比我的飞行员或船长身份更为人所熟知。其中的区别，用钱来衡量，就是百万美元。换句话说，我从失败中赚的钱比从成功中赚的多。

在信息时代，我们中的许多人会有多个职业。这就是为什么学什么不重要，而学多快才重要的原因。记住，摩尔定律揭示，每18个月信息增加一倍。

你答对的题目数量和你在学校时的成绩不能衡量你以后人生的成功。你的成功取决于有多少答案你不知道，你失败过多少次，多少次从失败中站起来，不抱怨、不自欺欺人、不辩解，改正错误，继续前行。

失败者的定义

如果你想知道你的财务成绩单中哪部分"不及格"，一个简单的办法就是去问问当地银行的经理。填好你的个人财务报表，等着他拒绝你。如果他不拒绝你，那就问他要更多的钱。如果他拒绝你，坐下来，问问他，你的财务报表有什么需要改进的地方。你得到的这个经验会成为无价之宝，甚至可能改变你的人生。正如我所说的，如果你想知道在真实的世界中什么是重要的，就问问银行经理。他们每天都在看人们的"成绩单"。

也许你会问：既然银行经理知道这么多，那他们怎么不是富人？为什么他们仍然为银行工作，为别人的生意操心？

问题的答案就是牛顿的运动学定律,在本书中我曾经提到过。牛顿定律说:任何运动,都存在作用力和反作用力。

答案同样可以从侦探的例子中找到,要想成为一个优秀的、成功的侦探,就必须知道怎样成为一个十足的坏蛋。

大多数银行经理不富裕的原因是他们太保守了。为了变得富有,特别是在一无所有的前提下,你需要一次成功的赌博。

富爸爸对我和他的儿子迈克说:"大部分银行经理不富有的原因是他们不是个好赌徒。大多数赌徒不富有的原因是他们不是个好银行经理。"而要想富有,"必须付出双倍努力"。

我问富爸爸:"是不是大多数人要么只是赌徒,要么只是银行经理?"

他说:"是的。不幸的是,很多人在金融方面是失败者。"

"失败者?这样说是不是太不近人情了?"我问道。

"我说的是金融上的失败者。我不想伤害任何人。在你认为我没礼貌之前,我来给你解释下什么是失败者。"富爸爸解释道。

"好的,请给我你的定义。"我回答道,心中有些许不平。

"我对失败者的定义是,不能承受失败的人。"富爸爸说。

"不能承受失败的人?"我重复道,尽最大努力领会富爸爸的意思。

"我进一步解释一下吧,"富爸爸冷静地说,"许多成年人不能承受金钱上的失败。我认为,许多人现在生活在'红线'

边缘。打个比方，你对车感兴趣，知道车的红线，就是当引擎转速太高时，如果你继续踩油门，那么引擎就坏了。"

"所以，那些生活在'红线'上的人由于财力有限，他们挣来的每一美元，都将为生活消费花出去。"迈克插话道。

"正确。"富爸爸说，"由于在财务问题上他们已经处在'红线'边缘了，所以他们无法承受其他更大的失败。"富爸爸看着我的眼睛，停了停，说道："这非常悲哀。在这个世界上最富有的国家里，仍有千百万人生活在他们的财政红线边缘。"

"而且，"我总结道，"他们常常会说，'投资是有风险的'，或者'赔钱怎么办'，并且把手里的钱攥得紧紧的，因为他们知道，他们承受不了在金融上的失败了。"

富爸爸点点头："你知道，真正的赌徒知道有赢就有输。他们不会强迫自己必须赢，而且他们知道为了赢，甚至要经常输。"

"为什么那些在学校学习好的人却不一定能在现实世界里取得好成绩？因为真实的生活不是全部由正确的答案组成的。真实生活中充满了猜测和不确定，有些错误会变成正确的，有些正确的会变成错误的。"迈克说。

富爸爸点点头，补充说："这也是为什么世界上最富有的人经常是犯过最多错误的人的原因。J. 保罗·盖帝（J. Paul Getty）为了寻找石油钻了很多口井，他也因此而出名。但让他富有的，是他最后钻的那口井，就钻在世界最大的油田上。同样的道理也适用于托马斯·爱迪生（Thomas Edison），在发明电灯之前，他失败了一万次。我说大多数人都是失败者的原因很简单，那就是在人生中，他们哪怕连一次失败都承受不了。要想取得成功，你必须既是银行经理又是赌徒，这样你才能承受失败，因为赌徒知道失败是胜利的一部分。"

我根据富爸爸教给我的知识发明了现金流游戏。在游戏中，你将会学到如何成为"赌徒银行家"。现在太多人想把自己的钱进行安全、无风险的投资。也许他们不会有损失，但他们可能永远不会成为真正的富人。有人通过节俭、安全投资、生活水准低于自己的收入水平，或者剪掉自己的信用卡等手段成为了富人。但富爸爸说："节俭可以让你变得富有，可问题在于你必须一直节俭下去。"

你能承受多大的失败

有人买彩票，是因为他们能承受一美元的损失；有人在赌场玩老虎机，是因为他们能承受几美元的损失。问题在于，美国至少超过60%的人连几美元的损失都承受不了。原因是，在人生的游戏中，他们在金融上已经失败了。许多人直到因为年纪大了或残疾了不能再工作后，才会发现他们的失败是多么的严重。但愿他们的家人能负起责任，照顾他们。

那些人生活在人生的"红线"上，被不良债务深深地埋葬。他们挣扎在生存线上，以至于无暇想象拥有大量财富的人生。在《富爸爸财务自由之路》一书中，有一个章节叫"控制你的现金流"，它帮助人们开启一项抵御不良债务的计划。按照那个计划，用6条简单的小秘诀，大多数人就可以在5～7年内消除不良债务。

但那些生活在"红线"上的人还相信变得富有需要幸运的眷顾。我曾说过，有人问过这样一个问题："运气在你获取财富的过程中占了多大比例？"

我的回答是："运气是在正确理论指导下的结果。"

最近，金和我在一桩非常投机的投资上不幸损失了12万美元，我的一个好朋友感到非常沮丧，就好像损失的是他的钱一样。他对我们说，"你们两个不走运。"金和我没有作过多的回应，因为对于那些生活在对失败抱有恐惧的人来说，除了运气不好，是没有其他真正的原因的。我们没有告诉他，我们是损失了12万美元，但在我们的有价证券投资组合中，我们也赚了大约100万美元。

我们同样也没有告诉他，我们觉得自己其实是幸运的。有两个原因：第一个原因是，我们从损失的12万美元中学到的东西比赚到的100万美元要多。换句话说，我们从错误中学到了更多的知识。第二个原因是，我们能够承受这个数量的金钱损失，而且不会为此感到不快。几年之前，这是不可能的。

第 四 件事

学会用良性债务挣钱

剪掉信用卡有什么不对的？

对我来说，剪掉信用卡就像节食减肥。坦白说，如果每餐只吃三根胡萝卜，饭后甜点是四两原味酸奶，30天之后，你还能忍受得了节食的痛苦吗？

有一天在商场里，一位饼干厂的年轻工作人员给你一小块饼干样品尝尝。那新鲜出炉的饼干的香味散发出一种压倒性的力量，所以你对自己说："哦，吃吧。你已经做得很好了，只是一小块饼干而已。"然后，你发现自己买了一袋"带回去给家人尝尝"，但是这袋饼干可能不会走出这个商场了。你开始放纵自己，很快你会比节食前还要重10磅，克制饮食演变成了暴饮暴食。

认识我的人都知道我没有解决"悠悠节食"（指体重像悠悠球一样上下反复）的办法。如果我能保证减掉的体重不会反弹，我会比比尔·盖茨还富有。不幸的是，我只知道节食以后暴饮暴食的感觉简直太好了。在我的家族里，只有我有体重问题，这个问题从孩童时代就困扰着我，所以，我没法将其归咎为家族遗传。

尽管我没有解决体重反复的办法，但是我确实有解决乱花钱和信用卡欠债的办法。当然，剪掉信用卡不是我的解决办法。我的办法是有代价的。还是那个问题："你愿意为此付出努力吗？"

美女与野兽

我一个朋友和他的妻子都是健美模特。他们苗条、结实、健康，节食对他们来说是不存在的问题。

但是他们在对钱的管理上就是另外一个截然不同的局面了。两个人都四十多岁，都挣了很多钱，但是他们花钱却让认识他们的人都感到不可思议：他们用新信用卡还旧信用卡的钱；他们还不上房贷却又买了幢更大的房子；他们有一个全职女佣，还给孩子们雇了一个保姆；他们的车、玩具、衣服和奢侈的假期要比别人多十倍。他们努力工作挣了很多钱，但是从来没有处理真正的问题——他们缺乏财务约束。

我们是很多年的老朋友了，所以我们见面的时候，他们会批评我在食物和锻炼方面缺乏自律，而我则警告他们在金钱方面缺乏自律。就像我之前说过的，在生活当中，我们都面临着不同的挑战：我的挑战是食物，他们的挑战是金钱。

富人的债务比穷人更多

我喜欢花钱,但是金和我在钱的问题上并不愚蠢。生活中,我喜欢拥有一些高级的东西。我喜欢坐飞机时能在头等舱和经济舱之间做选择的感觉。如果服务生服务得好,我愿意多给他们小费。我愿意公司盈利的时候给员工发奖金。我喜欢自由自在地花钱买东西。想工作,我就工作,不想工作,我就不工作。所以对我来说,钱是个好东西,钱给我带来更多选择,最重要的是,钱让金和我在辛苦谋生的世俗生活中获得了自由。我不明白为什么有人会说"金钱不会让我快乐",我常想什么才能让他们感到快乐呢?

当有人说"剪掉你的信用卡"时,我不认为这句话能让人感到愉快。人们花钱的一个主要原因就是让自己快乐。现在,就像有人在锻炼和节食上太极端一样,有些人花钱买快乐的需要也太极端了。但是,剪掉信用卡也不是长久之计,主要原因是毁掉喜爱的东西不会让人感到快乐。如果有选择的话,人们当然希望拥有更多的钱,自由地享受生活。只有那些已经很有钱却不快乐的人,或者不知道快乐是什么的人才会说"金钱不会让我快乐"。我认为没钱付账单或者没钱做想做的事情时,人们才会不快乐。

20世纪70年代末,我的公司在尼龙冲浪钱包生意上很快赚了上百万美元。那时我才20多岁,金钱和成功就这样落在我的头上。随着公司利润一直上涨,我越来越得意。我变得骄傲自大。我觉得,每赚一美元,我的IQ就上涨一分。

不幸的是,事情的发展与我的感觉完全相反。钱不断增加,我的财商却下降了。很快,我便投入了跑车和美女的怀抱。跑车和美女的经历让我难忘,我不后悔那段时光,但是,那样的人生不会持久。从拥有百万美元的资产一夜间变成几乎负债百万美元的痛苦经历让我清醒了。这就是我会为那些账面上有百万美元资产、自以为富有的人担忧的原因。账面资产与实际资产、账面财富与实际财富有着非常大的区别。

在损失了我的第一个百万美元之后,我到富爸爸那里寻求帮助。看过我的财务报表之后,他只是摇头,最后他说:"这是一次金融列车事故。"之后,他开始严厉地责备我。我曾说过关于错误的价值,这一次"金融列车事故"和之后的责备也是我人生中最宝贵的教训。那次错误带给我的宝贵价值是无法衡量的,并且至今为我所用。尽管那次失败让我损失了百万美元,但是长期看来,它的价值胜过百万美元,并将在未来继续为我带来更多的财富。

犯错而能从中学习是宝贵的经验。然而,犯了错之后,撒谎、抱怨、否认或者掩盖自己的过错就是在浪费这个学习的好机会。今天,当我发现自己正在犯错误的时候,我会对自己说:"冷静一下,别恼火,多加小心,并从中学到经验。看上去糟糕的经历,如果你能从中吸取教训,你将受益于此。"

20多岁时成为账面资产百万富翁，之后又变成百万负债的失败者，是噩梦般的经历。坦白说，我当时也抱怨了、撒谎了、否认了，我试图逃避责任。幸好，我还有富爸爸，他管束我，让我停止抱怨，开始从人生最大的教训中学习。我认真对待并且非常珍惜这次经历，而难以实现的计划也逐步达成了。

良性债务变成不良债务

经历了那次绝佳的学习机会和富爸爸的严厉责备之后，他说："你已经'成功'地把100万美元的良性债务转变成了100万美元的不良债务。没几个人能犯这么大的错误。你可以从中吸取经验，也可以逃避。你来选择。"如我所言，错误可以成为宝贵的经验，但在错误中，通常很难认识你的愚蠢带来的价值。

失去所有之后，我感到无比沮丧，我指责他人，想要逃避自己的问题。富爸爸强迫我面对自己的问题。彻底审查那些数字是一次痛苦的、但却非常有用的过程。正视那些错误之后，我发现努力工作不一定能还清这些债务。很多人一次只损失一点，慢慢地积累债务问题。如果你损失了10万美元或者欠了10万美元的债务，你可以通过努力工作还上这些债务。当我损失了100万美元之后，至少以我有限的赚钱能力想通过努力工作解决问题是不可能的。

无论如何，富爸爸说的"金融列车事故"充满了有价值的经验。从这个教训中我学到的最重要的东西就是面对错误、学习错误，避免再犯同样的错误。我选择面对困难，因此一连串沉痛的教训就变成了最重要的经验。

另外一个重要的经验是了解了良性债务和不良债务之间的区别。但我没有理解得那么深刻，至少当时没有。我的富爸爸经常提醒我关于良性资产和不良资产的问题，他说："每次欠别人钱，你都会成为那些钱的雇员。"他会向他的儿子和我解释说，良性资产就是有人付款给你，不良资产就是你得为别人付出血汗。这就是他喜欢租赁房地产的原因，他补充说："银行给你贷款，租房客给你还贷。"我之前听说过这种理念，也明白其中的道理，但是现在我的身体、我的思想、我的灵魂都知道了良性债务和不良债务之间的区别。

现在，当我看到有人用信用卡还房贷时，我为他们感到不安。他们可能觉得这是个好主意，因为政府提供了一个减税的方法，但我现在对此理解得更为深刻。我知道他们只是把昂贵的短期不良债务转化成了相对便宜的长期不良债务。这种方法可能会暂时让你觉得轻松，但并不解决问题。他们把自己的信用卡债务变成了次级抵押贷款。

英语词汇 mortgage（抵押）来自古法语 mort,意思是"死亡"。Mortir 的意思是"相约至死"。就像我的朋友一样，他们努力工作却跌进更深的债务深渊中，但他们仍然忽视实际问题，不吸取教训。除非做出改变，否则他们将与不良债务"相约至死"。

1979年，富爸爸给我上了一堂课，事实证明那是宝贵的一堂课。他说："富人比穷人债务多。区别在于富人承受的是良性债务，穷人和中产阶级承受的都是不良债务。"富爸爸继续说，"不管是良性债务还是不良债务，你都应该将其视为一把上膛的枪，充满敬畏。那些不敬畏债务力量的人通常会被其所害——有时是死亡。那些敬畏债务的力量并能驾驭它的人可以变得富有，超越自己最狂野的梦想。正如你现在知道的，债务可以让你变得非常富有，也可以让你变得非常贫穷。"

驾驭债务的力量

很多理财大师建议说："剪掉你的信用卡，别理那些债务，让生活标准低于工资标准。"我不会说这些话，因为我觉得这个建议解决不了那些想变得富有的人的问题。对于那些想要拥有大量财富并且享受金钱带来的优越生活的人，剪掉信用卡和逃避债务不是解决问题的办法，也不会让他们变得快乐。如果只是基于基本的财务准则，剪掉信用卡对大多数人来说是个好建议。但是对那些希望变得富有、享受生活的人来说就不起作用了。如果一个人想变得富有，他需要知道怎样支配良性债务，学习如何敬畏债务的力量，掌握如何驾驭债务的力量。如果你不愿意学习敬畏和懂得驾驭债务的力量，那就剪掉你的信用卡，过拮据的生活吧，对你来说，这是个很棒的建议。记住，任何抉择都紧跟着一个代价。

一辆非常不错的二手车

几个月之前，我的一个朋友来到我家，向我炫耀他新买的二手车。"我做了一桩漂亮买卖，"他说，"我只花了3 500美元把它买下来，又花500美元改进了一些地方，它现在非常好。我很轻易地就能把它卖到6 000美元。"然后他说："上来，坐进来。兜兜风。"我不想显得无礼，于是答应了他的请求，开着车围着社区转了一圈。试驾的最后，我笑着说："这车真不错。"但我默默地对自己说："这车需要上漆，车里有陈年的烟味，我不想要这么一辆令人失望的车。"我把钥匙还给他，他笑着说："我知道它看上去不漂亮，但是我可是现金付款，没有贷款。"当他驾车离开时，一股浓烟从排气管冒出来。

想要更富有，就买辆新车

我妻子开的是一辆漂亮的梅赛德斯敞篷车，我开的是保时捷敞篷车。就算在我们破产的时候，我们开的也是保时捷、梅赛德斯或者其他高档轿车。这些车我们不是现款买的，我们是借钱买的。为什么？让我通过下面的故事来解释其中的道理。我经常在我的研讨会上讲这个故事。这是一个关于良性资产和不良资产及享受精致生活的故事。

1995年，我接到当地保时捷经销商的电话。他说："你梦寐以求的车在这里了。"我马上开车到他的展厅，去看那辆1989年款的保时捷Speedster。我知道这款车只生产了三年，样车只有8 000辆。1989年，保时捷的忠实信徒把它们买下来，停着不开，收藏它们。在1989年，如果你能找到一个同意出售此款车的卖家，这款车的叫价在10万美元到12万美元之间。但在1995年，我看到的是最稀有的一辆1989年款保时捷Speedster。它是Speedster 1号，史上第一款被制造出来的样车，而且它装备的是保时捷涡轮增压机，这是令保时捷迷不敢想象的专用配置。这部首款车面世之后，被厂家带到全世界的车展展览，还被用在画册上。这部车还带有特殊的保时捷工厂徽章。1989年,巡展结束后,它同样被束之高阁,停放在车库里。1995年，收藏者决定出售它。经销商知道我一直在寻找它，于是给我打了电话。这部车被开过，但是只跑了2 400英里。

我的妻子金发现，当我走向这部我梦寐以求的车时，我进入了一种忘乎所以的状态。我坐在车里，手握方向盘，深吸一口气，闻到高档皮革的芳香，这味道还留在车里。这部车绝对完美无瑕，颜色是完美的，还有保时捷独有的"金属亚麻"质感车身。金看着我，问道："你想要吗？"我笑着点点头。

"那么它是你的了，"金说，"你所要做的只是找一项资产来付款。"我又点点头，爬出车外，吸了口轮胎味，又笑起来。它是我梦寐以求的，它是我的了。我交上押金，和经销商谈好付款方式，就去找能够给这辆车付款的资产了。换句话说，我打算用资产支付我的债务，用良性债务支付不良债务。

几周之后，我找到了一处不错的资产，借钱把它买了下来，用这处资产的现金流支付保时捷的债务。几年之后，保时捷的债务会还清，而且那处资产带来的现金流依然源源不断。换句话说，这样一项昂贵的负债并没有让我变穷，我反而更加富有了，而且我得到了梦寐以求的那部车，那部车现在仍然是我的。当我的妻子发现了她梦寐以求的梅赛德斯轿车时，我们故技重施。

生命中最美好的东西是免费的

有句话说："生命中最美好的东西都是免费的。"我深以为然。无需分文，一个简单的微笑就能让许多人感到快乐；

无需分文,拍拍肩膀,道一声"祝贺",就会给他人带来一整天的幸福;无需分文,那初升的朝阳和一轮满月同样让人满心愉悦。所以,在我看来,生命中最美好的东西是免费的。在这部分,我要谈论的是那些需要花钱的奢侈品。我所说的快乐是来自物质的快乐。我不写内在的快乐,因为如果你没有做好准备,物质财产不会带给你内在快乐。内在的快乐无需分文——如果你拥有,那将是宝贵的财富。尽管每个人都有通往内在快乐的自由入口,但并不是所有人都能找到它。

生活标准的重要性

如果我是一名高中生,朋友的那辆价廉物美的二手车就是我梦寐以求的。我会骄傲地开着它在所有朋友面前炫耀。但是,在40岁的年纪,开这样一辆廉价车就不是我的梦想了。有个名词叫做生活标准,用来衡量你的物质幸福感和满足感。

在你的生活标准里,能够感受到物质带来的快乐和变化是重要的,原因如下:

1. 生活标准不是一成不变的

生活标准随着我们年龄的变化而变化,因为我们自身改变了。有的人发现自己的品味提高了,但是负担能力却没有提高,这个人可能会通过借钱、通过增加自己的不良资产比例来负担这个变化。我的建议是，如果你的标准改变了，特别是变得更为奢侈了，那么找到增加收入的方法以负担这些变化才是正确的做法。

2. 重视物质标准上的内心变化是重要的

一个人的内在快乐会受物质标准改变的影响。举个例子，对高中时代的我来说，3 500美元的二手车能令我高兴，但如果成年之后的我还开着高中时梦想的车，那就不会感到快乐了。现在，我遇到许多内心不平和的人，因为他们的收入追赶不上自己对精致生活的欲望的增长。

3. 买你想要的东西其实花不了多少钱

我对我的车感到非常满意，我的妻子也对她的车感到满心欢喜。也许，看上去我们为了满足自己的物质标准花了更多的钱，比如住房、服装等，但是长期看来，我们实际上在当时并没有花多少钱，我们用资产的现金流支付了债务，买到了我们想要的东西，我们内心得到了满足和快乐。

吸取教训

许多年前，我的富爸爸说："有些人相信，上帝要求我们生活节俭，避免被华丽的东西所迷惑。另一些人相信，上帝是为了让我们享受生活才创造那些美好的事物。你愿意相信哪种观点，你自己决定。"

我分享保时捷的故事，是因为我希望你们能够享受这个世界的美好的东西——不必牺牲你的财务健康，也不必将你拖进财务地狱。而且，这个故事中蕴含着非常丰富的道理。

第一课：良性债务和不良债务

前面提到，富爸爸强调了金融素养的重要性，以及财务报表是离开学校后的成绩单这一事实。下面的财务报表显示了保时捷在交易时我用资产买负债的情况。

你可以看到，为了保时捷和房地产投资，我都借了钱（在这一事例中，迷你储物间位于得克萨斯州）。投资所带来的现金流填补了保时捷每个月带来的花费。由于管理妥善，迷你储物间带来的现金流得到了极大的增长，保时捷的贷款也提前两年付清了。现在，我和金同时拥有房地产、现金流和保时捷。为妻子买梅赛德斯时，我们使用了相似的方法。所以，我们在驾驶着梦寐以求的车的同时变得越来越富有。我们的朋友，那对生活水准高于收入标准的夫妻和那位开着自己非常满意的二手车的人，由于工资是他们唯一的收入来源，所以他们变得越来越穷。他们表面看上去衣着光鲜，但我怀疑不良债务给他们带来的财务恐慌正在蚕食着他们的内在快乐。他们买的是负债，是不良债务，而不是资产，不是良性债务。

用资产买负债

职业		玩家		
目标:避免无意义的竞争,通过使你的被动收入大于总开支而进入快车道				
收入表		审计员		
类型	现金流	(你右边的人)		
薪水:		被动收入:$		
利息/红利:		(利息/红利+房地产/生意的现金流)		
房地产/生意:				
迷你储物间	$×× ×			
		总收入:$ _____		
支出税:		子女数量: _____		
房贷支出:		(从0子女开始游戏)		
助学贷款支出:				
汽车贷款支出: 保时捷	$×× ×	每个孩子 的开销:$ _____		
信用卡支出:				
消费支出:				
其他费用:				
子女费用:				
贷款支付:		总开销:$ _____		
资产平衡表		月现金流(薪水):$ _____ (总收入-总开销)		
资产		负债		
储蓄:		房贷		
股票/基金/存款证 #股份 费用/份额		助学贷款		
		汽车贷款保时捷	$×× ×	← 不良债务
		信用卡		
		消费		
房地产/生意 首付款 费用		房地产/生意	按揭/负债	
迷你储物间	$×××	抵押迷你储物间	$×××	← 良性债务
		贷款		

通过购买资产带来现金流,支付你在生活中买想要的东西的债务,这就是富爸爸教给我的方法。资产给你带来现金流,说明钱在为你工作,我的一些朋友及许多其他人至今也不明白这个道理。

你最想为谁工作

说到良性债务和不良债务，让我来重复一下富爸爸经常对我说的那句话："每次你欠别人钱的时候，你就成了那些钱的雇员。"就是说，如果你贷了一个还款期为30年的贷款，那你就签订了一份为期30年的劳动合同。不幸的是，贷款还清时，他们也不会送给你一块金表。

富爸爸确实会借钱，但他尽量不让自己成为还钱的那个人。这就是关键。他的建议无需重复。他会向他的儿子迈克和我解释，良性债务就是有人为你还钱，不良债务就是你要付出你的血汗努力还钱。他喜欢可租赁资产，原因在于"银行把贷款给你，但是承租人为你还钱"。

我用一个生活中的真实案例来解释其中的玄机。假设你在一个高档社区发现了一处不错的小房子。坦白说这栋房子需要一些修补，也许需要更换新的天花板和排水管，也可能需要重新刷一遍漆。但总的来说，周围的房子都维护得非常好，邻居也比较可靠。更好的是，这个社区正好紧挨着当地的一所大学，来此学校上学的学生一年比一年多。

房主想退休了，想搬到一个温馨、有阳光的地方住。这栋房子，他要价11万美元。你和他讲讲价，最后以10万美元成交。你的银行账户里已经有1万美元了，所以你至少需要按揭贷款9万美元。但实际上，既然你的手上只有1万美元的现金，你不如贷款10万美元。为什么？那多出来的1万美元，你可以用来支付银行的手续费，再雇当地的工人粉刷一下房子，修理一下天花板和排水管。

大多数情况下，银行会非常高兴地给你贷款。为什么？因为这个贷款由这所房子的附加值保障。如果你去银行，要贷款10万美元，但你没有任何抵押或者担保资产，银行会告诉你哪凉快去哪歇着。但是，如果你有房产做后盾，银行通常会帮助你融资。记住，贷款是银行的一项业务。而且，当他们知道的确有抵押物保证他们的贷款安全时，他们就会促成这项业务。

我们继续。在目前的金融利率下，银行给你还款期为30年的贷款，利息是6%。当然，他们希望你首先支付1万美元的头期款。所以，加上10万美元的贷款，你的全部投资是11万美元。

算上资产税，你每月的还贷金额大概在700美元左右。我们之前提到，你不会希望在未来30年里一直为银行工作。但是只要你在为债务还本付息，你就是在为银行工作。最好的办法是让别人为你偿还债务。

富爸爸的建议是，一旦完成交易，你得到了那栋房子的所有权，你就要与当地那所大学洽谈将房子租给学生的可能性。这栋房子有四个卧室，就可以为4名学生提供住宿，假设你每个月收取1 000美元的房租，他们每人每月支付250

美元。这个价格非常合适，即便是最节约的学生也会欣然接受。

或者，你可以接触一下当地的房产经纪公司，看看他们愿不愿意接手。由于每月的维护费用很低，房产经纪公司不但会为你找到承租人，还愿意承担一些小的维修费用，比如疏通下水道。

好消息不止这些。如果你每月的房产出租收入是1 000美元，而每个月还款金额只有700美元，那么你每个月的净现金流就是300美元。这个净收入就是被动收入。也就是说，你没费什么大力气就挣了这些钱。而且你的承租人在为你偿还为期30年的贷款，更棒的是，你每个月还多赚300美元。

富爸爸的房地产投资哲学主要是建立在现金流的基础之上。你在每个月末有正现金流流入吗？

但是还有另外一个关于房地产的哲学，那就是房地产是升值的。你在每个月获得额外收入的同时，也支付了每月需要偿还的贷款。这就是说，虽然慢，但是你非常稳定地增加了那所房子的抵押资产净值。由于随着时间的推移，房产会升值，那么你最初投资11万美元得到的那栋房子可能会增值。换句话说，如果10年之后，你决定卖掉那栋房子，它的市场价可能已经涨到了12.5万美元。所以，理论上讲，除了你多得到的被动收入外，你还能得到一笔相当丰厚的利润，1.5万美元。

但是，富爸爸提醒说："永远睁大眼睛盯着你的现金流"

要将房地产的潜在增值看成是额外的奖励，而不是将其当成购买的理由。"

向成功者学习

看看《富爸爸穷爸爸实践篇》(Rich Dad's Success Stories)中那些厌烦了靠薪水过活的人的故事。他们厌倦了朝九晚五的上班生涯，懒得计算还有多少年退休，然后靠他们的401（k）s养老——假设401（k）s账户里还有足够的钱的话。在那本书中，你可以很容易地找到第一手资料——少至初出茅庐的青少年，老至临近退休的老年人——他们遵循富爸爸的建议，已经开始开拓稳定的被动收入现金流。

那本书对那些成功者做了介绍，许多人的成功经历都始于房地产投资。书中讲述了他们是如何克服心中的恐惧、超越最初的梦想从而找到第一笔投资的。无一例外的，一旦看到被动收入开始增加，他们几乎都会返回头去重复那个过程，多数情况下是这样，一遍一遍地重复那个投资过程。他们中的一些人，已经把小房子换成了大房子，他们都将富爸爸的建议看成致富指南。

在一些成功的案例中，有些人投资小生意，以得到他们的财务自由。在其中一个章节里提到，一位女士对自助洗衣店进行投资。很快，她和她的丈夫就发现，这笔投资安全又挣钱，于是他们进一步加大投资。现在，她和她的丈夫在财务方面做得非常好，他们将第一个告诉你，做金融家庭作业是件简单的事情，而且，让钱为你工作比你为钱工作更为容易。

问题是大多数人似乎没法在财务上得到改善，因为每个月来自应付账单的压力太大了。只有当下定决心改变他们的理财方式时，他们才会主动寻找另外的挣钱渠道。就像富爸爸说的："如果你想从那些激烈的竞争中解脱出来，你最好开始了解收入的不同形式：工资、有价证券投资和被动收入。不管是投资房地产、做生意还是其他别的领域，你很快就会发现，比起有一份安稳的工作，还有很多可以让你更容易、也更有效的赚钱方式，你的家庭经济状况也会变得越来越好。"

第二课：灵感的力量

让我们回顾一下那辆二手车的故事。当我驾驶朋友的二手车时，我感到心情沉重；当我坐在我的保时捷里的时候，我听到天使在歌唱，看到充满祝福的天堂之门向我敞开。朋友开车离开时，从排气管中喷出的浓烟让我感到厌恶；与此相反，当我打开车库门，看着我的保时捷时，我仍然能听到天使的歌声。我爱这辆车，我爱这辆车给我的灵感：为了我的保时捷去找另一个投资项目。换句话说，保时捷促使我变得越来越富,而坐在朋友的那辆车里,只会唤起我洗澡的欲望。

我相信,我们的造物主为我们创造了很多美好的东西。每当我看到美丽的油画、漂亮的房子和迷人的车子,我都会感到灵感勃发。我感受到了神之慷慨、美丽,神启发我更加努力地投资:加大投资力度,而不是工作更加努力。我注意到那些省吃俭用的人通常是心情压抑的。我有几个非常节俭的好朋友,我去他们家做客时,感觉好像坐在那辆二手车里似的。我非常爱我的朋友,我也不会把我的理财观点强加于他们身上。但是他们那么努力地工作,生活标准却在收入标准之下,而金和我努力工作的原因是提高自己的生活标准。这就使得我们的生活方式有了很大的区别。正如我所说的,每个人都是不同的,生活中我们作出的决定也是不同的。我只是在分享我和妻子借奢华生活带来的灵感而变得富有的故事。

第三课:资产和负债都不是银行经理愿意贷款的原因

在《富爸爸穷爸爸》一书中,我的观点"房子不是你的资产"引来了不少反对意见。实际上,相比于书里的其他观点,这一观点所招致的表达愤怒的邮件最多。我经常说:"当银行经理说你的房子是一项资产时,他们没有对你撒谎。他们只是没说清楚这项资产到底是谁的。你的房子其实是他们的资产。"我还说:"我的意思不是'别买房子'。我说这些的目的是'别把负债当成资产'。"但是毫无帮助,那些讨厌的邮件依然纷至沓来。

不管你购买的是资产还是负债,银行都会把钱贷给你。银行不会告诉你应该买哪一个。所以,如果你想买一艘新的快艇,而且你的财务报表显示你能够负担这项费用,银行会非常高兴地把钱贷给你。如果你想买一幢三个卧室的房子,然后租出去挣钱,而且你的财务报表也非常出色,银行也会非常慷慨地把钱贷给你。为什么?因为不管你借钱是为了买负债还是买资产,对银行来说,两者都不是资产。所以,人们第一次借钱买资产时,买到最后都是花了更多的钱买负债。而那些只买负债的人,通常没有余钱买资产。

无论你是买负债还是买资产,对银行来说都不是资产,所以银行根本不在乎你买什么,那么该在乎的应该是你。实际上,你越在乎银行就越高兴,因为银行的工作就是贷给你更多的钱,而不是拒绝给你贷款。没有人贷款,银行就不能挣钱。所以,你越富有银行就越高兴。我喜欢我的银行经理,因为不管我是买资产还是买负债,他都给我贷款。

第四课:什么样的资产是银行的最爱

一位电台主持人问我:"你投资什么项目?"我回答:"20多岁的时候,我开始投资房地产,因此我现在的大部分投资都用在了房地产上面。我也有自己的生意,还有一些纸面资产，比如股票和债券。"

那位主持人说："我不喜欢投资房地产。我不愿意修理厕所，也不愿意在深夜接到承租人的电话。我只买股票或者共同基金。"然后，他就结束了对我的采访，插播了一段商业新闻，把我请出了演播室。

一个代价高昂的想法

采访结束之后的那个晚上，我开始反省那次采访。我对自己说："那位电台主持人做了代价多么昂贵的决定啊。因为不愿意修厕所、不愿意深夜接到承租人的电话就不投资房地产。我想知道，如果他知道因为这个决定给他带来了多少损失，他会作何感想？"

个人可以投资的四个主要资产类别：

1. 商业；
2. 房地产；
3. 纸面资产；
4. 商品期货。

那个晚上，我静静地坐着，我似乎听到富爸爸对我说："银行最喜欢贷款给这四个投资类别里的哪一个？"答案是房地产。在这四个资产类别之中，做小生意是很难贷到款的。也许你可以得到一笔小额商业贷款，但是那些贷款通常需要你用其他资产作为抵押。

贷款买纸面资产或者商品期货也是非常难的，特别是想得到还贷期是30年的低利率，更是难上加难。但是银行会非常愿意给你贷款买房。

几年前，富爸爸对迈克和我说："如果你们想富有，你们就必须给银行想要的东西。第一，银行想看你的财务报表。第二，银行想让你贷款买房。只要知道银行想要什么，你就会发现，变得富有不是件困难的事。"

那位电台主持人对房地产的偏见是个代价高昂的想法，因为他必须用自己的税后工资购买股票、债券和共同基金，而不是利用银行的钱进行投资。他的钱来自于他付出的劳动，而且，只有在政府扣税之后他才能得到那些钱，他使用的钱是最昂贵的。

我们用1万美元来证明这个事实。假设电台主持人用1万美元购买共同基金，最多可以买进1万美元的基金；如果他用来投资房地产，他可以买价值10万美元的房子：自己付1万美元，从银行借9万美元。如果这处房地产带来的现金流是正向的，那么承租人支付的钱，就包含了所有的费用和银行贷款的成本，另外还会每个月为你提供收入。

假设那一年市场状况良好，每项资产都增值10%。共同基金会为那个投资者带来1 000美元的收益，而房地产会为投资者带来1万美元的收益，加上每月的现金流收入，再加上折旧。在美国，如果投资者卖掉房产，出手时使用延期纳税交易（tax-deferred exchange），就不会缴纳资本收益税。

共同基金基本上不会带来任何现金流，也没有折旧收益，而且如果不在养老金计划之内的话，还要收取资本收益税。（如果在养老金计划之内，当全部取出时，就按照一般收入扣税，是所有税率中最高的税率。）

举这个例子并不是说纸面资产不好，而是证明了"我不喜欢投资房地产"这个想法导致了多少损失。对金和我来说，房地产最大的好处就是每月的被动现金流收入，而且税率还比一般性收入的低，这让我们在财务方面比较自由。换句话说，房地产让我们拥有了良性债务，这种良性债务让我们更快地挣钱。但是，使用银行的钱进行投资，迅速赚钱，也是有代价的。

如果不使用银行杠杆，看一下你的投资回报，1万美元的回报率是10%。但使用银行的钱之后，你的回报率就是你的投资的两倍。房地产市场只要上涨1个百分点，就相当于股票市场上涨10个百分点。

把税率优势考虑在内，房地产市场升值不到1个百分点就相当于股票市场升值10个百分点的净收益。

这就是富爸爸说"永远给银行想要的东西"的一部分原

因。他还说"永远像对待上膛的枪一样对待任何债务",为什么?因为杠杆是把双刃剑。你可以用银行的钱赚到很多钱,也会比不用银行的钱损失更多的钱。所以,你所需要做的就是:花钱学习相关知识,再经过几年的实际操作获取经验。如果你不打算做这些准备工作,就别动用银行的钱。

花钱学知识

20世纪70年代,我花385美元去上了关于房地产投资的课程。那三天的课程是我有史以来进行的最佳"投资"。学习结束后,在起步阶段,我并不着急,只进行小额投资,得到了五年的经验之后,我才进行了第二次投资。说实话,我也不愿意修厕所,也不愿意半夜接到房客的电话。但是,我并没有因此放弃投资房地产,因为我愿意看到投资房地产给我带来的那么多的良性债务和那么多的自由。

在一次得克萨斯州的达拉斯举行的房地产研讨会上,我是嘉宾发言人,有个60岁左右的人坐在我旁边。他听到我说:"我的富爸爸告诉我,要想成为一个真正的房地产投资者就要玩大富翁游戏。我们都知道那个游戏中的巨额财富公式:买四个绿房子,把它们变成红色的旅馆。"

当时那位老先生问道:"我是否应该把我的那些房子也变成红色的旅馆?"

我笑着问他:"你有多少房子?"

他想了一下说:"700来套吧。"

"什么?"我惊讶得无言以对。跟他交谈过后得知,他是得克萨斯的一位大农场主。在过去的40年里,他每年都会买一些房子,然后租出去。他经历过石油市场和牧场生意的暴涨暴跌。经济萧条的时候,他从那些有财务困难的人手里买下房子,然后再租给他们。随着资金流的不断增加,他就买更多的房子,大部分都在6.5万美元以下,而且从未出售过。到目前为止,我发现,他每个月每所房子平均能带来200美元的正向现金流。我吸一口气,说:"这就是说你每个月的收入超过14万美元?仅仅房租收入每年就超过100万美元?"

"没错,"他说,"这就是我问你,我是否需要把我的那些绿房子建成红旅馆的原因。买这些绿房子花了我很长时间。所以,我喜欢你那个买更大的房子的主意,这样我就不必买那么多了。"

我摇摇头笑着说:"下次研讨会,我希望你来做讲座,我当你的学生。"然后,我把我的财税顾问的名字和电话给了他,让他给他们打电话。我告诉他,他比我厉害多了。

他拿着电话号码,对我表示感谢。我的思绪则回到40年前富爸爸、迈克和我玩大富翁游戏的场景上,我还能听到富爸爸对迈克和我说:"我的银行经理总是想借给我钱让我买更多的房产。所以,他想要什么,我就给他什么。"

第 五 件事

尽快消除不良债务

在你开始向财务自由之路进发之前,你必须首先搞清楚自己到底有多少不良债务。对许多人来说,搞清楚自己陷在不良债务的坑里有多深,就像去看牙医了解自己的牙齿坏到什么程度一样。你知道这对你来说是件好事,但是过程并不总是令人愉快。有些人轻易就放弃了。他们知道自己就在"大坑"里面,但并不打算有所作为。

但是如果你是认真的,想实现正向现金流,你就必须从基本的金融素养开始。这里有个入门快速测试。在下面的试题中,如果你的答案是肯定的,就加上1分。

1. 你会经常延期付账吗?
2. 你曾经瞒着配偶把账单藏起来过吗?
3. 你是否曾经因为没钱而不修车?
4. 你最近是否买了一些你不需要而且也负担不起的东西?

5. 你经常花的比挣的多吗？

6. 你的信用卡曾经被降低过信用级别吗？

7. 你是否有买张彩票中个大奖以摆脱现在的债务的想法？

8. 手头紧时，你会推迟存款吗？

9. 你的债务总量（包括按揭贷款）大于你的应急储备吗？

将你的得分填在这里。_____

- 如果你的得分是0，非常好！你已经掌控了你的现金流。

- 如果你的得分在1~5之间，也许你该考虑一下减少不良债务。

- 如果你的得分在6~9之间，小心！可能有一场财务灾难正在等着你。

富爸爸的紧急现金流程序

如果你真的想要控制你的现金流，你需要做到三个关键点：

1. 利用财务报表了解自己的财务状况（使用现金流游

戏中的财务报表，包括本书附录里的，填写你自己的财务报表）。

2. 自律。

3. 一个全盘计划可以帮助你达到自己的目的。

改变习惯很困难？此话不假。这取决于你及你对掌控自己的财务生活有多大的渴望。记住，不必强迫自己做到上面三点。但是，如果你不做，你会原地踏步，像电影《亡命夺宝》（Rat Race）一样，被永无止境的账单耗费掉你的工资，当然，除非你中了彩票。我一直非常惊讶，怎么会有那么多人认为中彩票是解决财务问题的可靠办法呢？

但是，让我们回到现实中来。你不需要剪掉你的信用卡，但你确实需要按照债务削减计划行事。头两步要做的是：

1. 先把钱付给自己

不管什么时候你拿到了工资，你首先要付的账单就是你自己。不是车贷，不是房贷，不是房租。付给你自己一小部分钱，然后马上把这些钱存进独立的投资储蓄账户里。在没想好投资什么之前，别动这些钱。

2. 拒绝次要品

次要品就是多余的东西，是那些我们在生活中都渴望拥有但实际上并不需要的东西。可能是一辆高档轿车，也可能是到高档餐厅吃一顿大餐，或者是时尚的衣服。不管你的次要品是什么，强迫自己停止购买它们。坦白地说，这时候需要你发挥自律和意志的作用了。但是，如果你真的想摆脱不良债务，你就需要发扬过去的优良传统——延迟享乐。

我并不是在更改富爸爸的建议。我同意，你能负担什么样的生活方式就把你的生活标准提高到什么层次，但是有时候，在你步入正轨之前，你必须停止原来的习惯，采用其他的标准。记住那句老话："当你发现自己在一个大坑里时怎么办？别再挖了。"

之前我曾经提到过，有些人挣扎在"红线"边缘，他们几乎全靠工资活着。《富爸爸财务自由之路》一书中的"控制你的现金流"公式和一些小技巧可以让你果断采取措施，"停止挖坑"，开展自救计划，寻求更好的财务未来。

下一步做什么

好的，你已经决定严格要求自己，并决定控制你的现金流。接下来的步骤如下：

按照《富爸爸财务自由之路》一书中的"控制你的现金流"公式的要求做。

控制你的现金流

第一，检查你刚刚填写的财务报表。

第二，判断你现在的现金流是从哪个现金流象限里得来的。

第三，你希望未来5年的大部分收入来自哪个象限？做出你的决定。

第四，开始你的现金流管理计划：

·先把钱付给自己。每次发工资时从中拿出一定比例，或者拿出其他来源的收入，将这部分收入存进一个投资储蓄账户中。一旦把钱存进去就不要动了，除非你做好了投资的准备工作。祝贺自己！你已经开始管理你的现金流了。

·把注意力放在减少个人债务上。

下面是一些简单易行的减少或消除个人债务的小贴士：

小贴士1 如果你有不少未偿清债务的信用卡，只保留1~2张，放在钱包里。把别的信用卡藏在一个安全的地方，别让自己看见。

你保留的那张卡上面如果产生新费用，必须每月偿还。不要产生比偿还期更长的不良债务。

小贴士 2　每月多结余 150~200 美元。

现在，你的金融素养已经变得越来越好，这一点应该相对容易做到。如果你每个月不能多结余 150~200 美元，那么实现财务自由无异于在做白日梦。

小贴士 3　将这 150~200 美元用在你每个月用来付款的信用卡上，只能用在一张上面。

现在，你将向这张信用卡每月最少支付 150~200 美元了。

只偿还其他所有信用卡中还款金额最少的那一张。通常情况下，人们想每个月把所有的信用卡都还上一点钱，这样做的结果是最后连一张卡都还不清。

小贴士 4　第一张信用卡还清之后，把你每月向该卡偿还的所有金额用在下一张卡上。

你现在正在偿还第二张欠款最少的信用卡，每个月用在上一张卡上的钱也用在现在这张卡上。

重复这个过程，偿还所有的信用卡和其他的消费卡。每偿清一项债务，就把偿清该项债务的全部金额加到下一个偿还金额最少的债务上。每偿清一项债务，你每个月偿还下一项债务的金额就会增加。

小贴士 5　所有的信用卡和其他不良债务偿清之后，继续这个过程，偿还车贷和房贷。

如果按照这个程序，你会惊奇地发现，用不了多长时间你就能偿清所有债务。大多数人在 5~7 年内能够偿清所有债务。

小贴士 6　现在你已经偿清了所有债务，将你偿还最后一项债务时的每月还款金额用于投资。

建立你的资产项目。

你看，非常简单。

掌控现金流的其他方法

▲ 按时支付所有账单，避免拖欠。

▲ 找一张利息低、没有年费和手续费的信用卡。然后你就可以考虑用这张信用卡偿还其他的信用卡债务。这样你可以支付较少的利息和费用。

▲ 停止使用自动柜员机，它是要缴纳手续费的，而且花的是你自己的钱！

你可能需要改掉一些消费习惯

▲ 养成现金付款的习惯。信用卡只作应急用。

▲ 学习抑制购买冲动。对你的欲望说"不"!

▲ 严格按照预算行事。如果 200 美元的饮食消费上限已经达到,就不要再买薯条和冰激凌了。

▲ 买非专利药代替品牌药,或者到平价药店买药。

▲ 找一份兼职工作,或者通过别的方式增加一点收入。

▲ 关掉空调,少开几盏灯,节省电费。

▲ 学习如何为过冬做好全面的准备工作,像绝热管、漏风的窗户,要消除所有这些可能散失热量的隐患。

▲ 减少使用手机和座机。很多人都忽略了可以在这上面省钱。

▲ 检查你的保险条款。看看有没有条款相似、费用相同的保险项目。增加可减免的项目,减少每月支出。

总之,尽快搞清楚自己是怎样在不经意间把钱花出去的。给自己一个礼拜的时间,看看如果不买昂贵的洗发水或者不出去吃饭,自己能省下多少钱。假设每个星期你能省 30 ~ 40 美元,一个月之后,你就能省下 100 多美元,一年就能省下 1 200 美元甚至更多,这会为你偿还信用卡的贷款带来非常大的帮助。

当你摆脱了不良债务,你就可以开始筹划更好的未来了。

接下来你可以建立你的资产项目，这样一来你就有了被动收入，可以支付电话费、电费、保险费，等等。最后，你完全可以自由地选择你想要的生活方式。

有担保债务和无担保债务

债务有两种类型。有担保债务就是有物品作为抵押，比如房贷和车贷就属于这一类型。无担保债务就是没有物品作为抵押，比如信用卡账单、个人贷款和医疗账单就属于这一类型。

首先需要消除的债务类型是无担保贷款。在富爸爸的体系中，无担保债务基本上都属于不良债务，越早消除它你就能越早掌控你的财务。也就是说，要与其他未偿清的债务一起尽快还清信用卡上的欠款。

让我们花点时间来研究一下信用卡。毫无疑问，它给我们带来了极大的便利。某些信用卡在一些地方消费可以打折；若你临时资金周转不过来时，用信用卡相当于小额免息贷款一样，只要你在最后还款期还款就不用交利息；大部分信用卡现在都可以通过一定的刷卡次数免年费。不过它也有可能给你带来一些财务问题。举个例子，许多信用卡，只要你持有它，就会被收取年费。然后，你如果透支，并且超过最后还款期没有还清，你欠的钱就会被收取高额利息。

看一看你的信用卡。其中有些费率高至 20% ~ 25%。即便你每个月只支付最少的费用,你也需要花一大笔钱还清信用卡债务。现在,你要养成每月都还清信用卡新债务的习惯。

让我们将注意力放在消除不良债务上

下面是我对重新掌控你的月现金流的详细建议:

1. 把你所有的信用卡都从钱包里拿出来。按照"控制你的现金流"的公式,检查信用卡上所有未还清的债务。

2. 选择最少的那一项不良债务,一次付清。

3. 一旦还清了信用卡上的债务,就把信用卡束之高阁。或者,如果你没有阻止信用卡债台高筑的自律意志,就打电话给信用卡公司,注销它。

4. 其他的信用卡也用相同的方法处置。持续削减不良债务,直至完全还清。

请注意,在大多数情况下,这个过程在仅仅一两个月内可能无法完成,削减信用卡债务的过程可能需要几个月,甚至几年的时间。但那是值得的,因为当你不再被每个月的账单所奴役时，那种感觉非常美妙。

将信用卡控制住以后，你可能希望动用多出来的钱偿还房贷。大多数房主都可以提前还清他们的房贷。很多情况下，房主提前还清房贷可以节省几万美元。即便你每个月还款额里只有50美元的利息，几年之后，你也会多还几千美元。（确保让贷款方知道额外的那部分钱被加在了你支付房贷的本金之上。）

令人高兴的是，那些按照以上方法坚持偿还债务的人发现自己在几年之内就还清了不良债务，并渐渐在财务上感到轻松自由。也许你觉得从你目前的财务状况来看，这听起来有些不可思议，但请相信我，这些方法对你来说真的是非常有用的。

第六件事

勇敢改变自己所处的现金流象限

每当我谈起良性债务和不良债务的话题时，我经常会听到这样的问题：

· 如果股市崩盘怎么办？
· 如果我犯了错误怎么办？
· 如果我还不清债务怎么办？
· 如果我对房地产不感兴趣怎么办？
· 我居住的地方房价非常高，我怎样才能负担起所购买的房产？
· 所有的债务不是都有风险吗？
· 没有债务岂不是更好吗？

由于人们对现实世界的担忧，这些问题都是合理的，也都是不能忽视的。一位著名的投资家曾经说过："把所有的投资都当成不良投资。"但你也许同时注意到，他并没有说："你的担忧是有充分理由的，所以什么也别做。"然而，对大多数人来说，这些担忧让他们缩手缩脚，不敢行动。不可知的恐惧常常叫人不敢轻易作出改变。

我们再来看一下政府对65岁年龄段老人的生活状况进行的调查：

1%	生活富足
4%	生活小康
5%	不得不继续工作
54%	需要家人或者政府的照顾
36%	死亡

为什么百人之中只有一人能生活富足？原因很明显，就是大多数人在需要改变时不敢作出改变。他们继续待在原地，重复做同样的事情。我敢肯定，许多人都想作出改变，但是他们被恐惧和怀疑所震慑，比如："如果股市崩溃怎么办？""如果我犯了错误怎么办？""如果我还不清债务怎么办？"换句话说，他们不能作出改变的原因，是他们成了自己的怀疑和恐惧的囚徒。怀疑和恐惧逼迫他们重复做同样的事情，却希望能够得到不同的结果，我们通常将此称之为盲目。

牛顿的另一个定律

富爸爸常说:"对于那些害怕犯错的人来说,什么也不做或者重复做同样的事情,通常是容易的。"牛顿的另一条定律是能量守恒定律:"静者恒静,动者恒动。"换句话说,一个人如果发现自己总是做同样的事情会相对容易些,那么他就会不停地重复做同样的事情,这样一来他就很难作出改变,很难开始新的生活,他就会越来越安于现状。

而成为富人的代价就是要做些不同的事情——从零开始,开始新的生活,不怕犯错误并从错误中学习,最终在新的环境中变得精明。听起来简单,实际上也确实简单。然而,大多数人不会去做这些能让他们变得富有的简单的改变,原因就在于这个牛顿定律。

不仅仅是换一份工作

在我的第二本书《富爸爸财务自由之路》中,我写道,在这个金钱和商业的社会中,有四种类型的人。下图就是现金流象限中四种不同类型的人。

这四个字母分别代表：雇员（Employee）、自由职业者或小企业主（Self-employed or Small business owner）、大企业主（Big business owner）、投资者（Investor）。该书深入剖析了象限中四类人的核心区别，以及冲破象限所要作出的改变。我之所以把现金流象限放在这里，是因为许多人真的想要作出改变，而更多的人是被困在自己的象限里。举个例子，很多人毕业之后找了个工作，直到退休还是个小职员。尽管如此，他们还是一直渴望闯出一番新天地，做些不同的事，比如投资房地产或者创办自己的公司。

许多人即便作出了改变，也依然还是困在原来的象限里。举个例子，许多人只在 E 象限里改变，他们不停地更换工作，以寻求更高的工资和职位。但 E 象限里很少有人能成为富人，因为这个象限里的税收太重了。

如果一个人确实从一个象限转移到了另一个象限，最常见的就是从 E 象限到 S 象限。作出这种改变的人通常会说，"我想拥有自己的东西"，或者"我想自己做老板"。想要获得巨大的财富，在 S 象限仍然困难重重，因为一旦他停止工作，那么他的收入来源也就没有了。另外，这个象限的税收也非常高。

B 象限和 I 象限中的人是最容易取得巨大财富的，但是他们同样面临着各自不同的挑战。

如果你想知道关于这四个象限的更多区别和信息，希望更详细地了解什么是必要的改变，也许你该读一读《富爸爸财务自由之路》这本书。

我的建议是保留你现在的全职工作，给自己至少 5 年时间，在新的象限里开始新的尝试。

增加你的致富机会，改变象限

那么多人买彩票或者参加游戏秀的原因是希望自己变得富有，因为他们中的大多数人不是在 E 象限就是在 S 象限。而得到巨大财富的人主要分布在 B 象限和 I 象限。增加致富机会的办法之一就是改变自己所在的象限。虽然不一定能百分百成功，但如果你能在 B 象限或 I 象限里，至少你获取财富的机会将大大提升。

通常情况下，在 E 象限或者 S 象限里，人们想要获得巨大财富的概率大概不会超过 1%。但对我个人来说，要想在 E 象限或 S 象限获得巨大财富是不可能的。我知道在 B 象限或者 I 象限里我的机会最大，而且我就是在那里赚到了百万美元。

在我问"你真的想要变得富有吗"，我其实是在问你是否愿意改变所处的象限。有些人愿意，有些人不愿意。为什么？原因还是因为"改变"这个词。对许多人来说，从左边的 E 象限和 S 象限到右边的 B 象限和 I 象限需要作出巨大的改变，要付出太多的努力，以至于很多人都打了退堂鼓。对那些不愿作出改变的人来说，变得富有的最好方法就是：

- 剪掉自己的信用卡，节俭度日。
- 和有钱人结婚。

但是对那些愿意考虑作出改变的人来说，我为他们提供了一个图表作为指导。通常情况下，他们需要非常勇敢。

学习金字塔

为了解释为什么书本上的知识或者说课堂上的知识不足以让人们取得完全的财务成功，我开发了下面的图表。我用这个图表来解释一个人需要什么样的改变才能在财务上变得更加富有。我把这个模型称为"学习金字塔"。

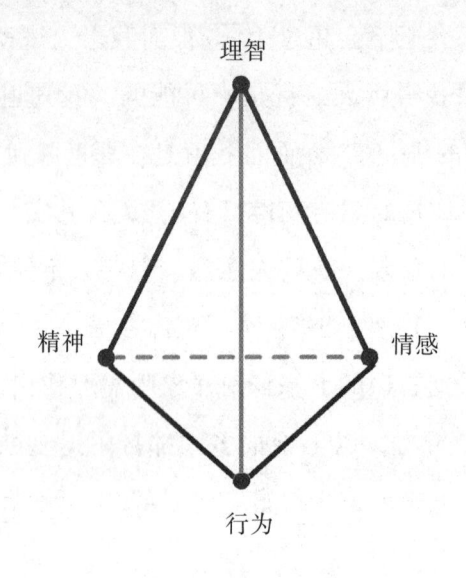

```
         理智
          •
         /|\
        / | \
       /  |  \
      /   |   \
     /    |    \
    /     |     \
精神•------|------•情感
    \     |     /
     \    |    /
      \   |   /
       \  |  /
        \ | /
         \|/
          •
         行为
```

如果你已经读了我的第三本书《富爸爸投资指南》，你大概会认识这个有四个面、四个点的四面体结构。有人把它叫做金字塔。我的老师之一，R.巴克明斯特·福勒博士（Dr. R. Buckminster Fuller）说，四面体是这个宇宙中最稳定的结构之一，这可以解释埃及的金字塔为什么能够保存如此长的时间。无论如何，这个四面体可以说明为变得富有而作出必要改变所要付出的努力，它同样可以解释人们为什么很难作出必要的改变。

我非常喜欢艾尔伯特·爱因斯坦的一句话："伟大的思想总是受到平庸者的反对。"我说这句话，并不是在批判那些不同意我的观点的人，而是在提醒我自己，我既有正确的观点也有愚蠢的观点。

我将用下面的例子解释学习金字塔是如何发挥作用的。假设一个人在读一本书，书上说去买一些房地产、找一些良性债务可以让人变得富有。于是，这个人的脑中就得到了这样一个想法："投资房地产，取得良性债务，然后变得富有。"这并不难，他们在脑子里想到了，但却没有付诸行动。为什么？因为他们在情感上出了问题，他们害怕作出改变会遇到各种问题，所以不敢有所行动，但是理智上他们又想变得富有。当新的理智上的想法再次激起情感上的想法时，他们又开始想起之前的那些问题，比如：

- 股市崩溃了怎么办？
- 我犯了错误怎么办？

于是理智与情感就在一直不断地斗争。这是一个情感上的恐惧站起来对抗理智上的想法的例子，即使一个简单的想法也常会遇到这样的问题，比如"我想学溜冰"，但是"我怕摔跤"。一个人可能会花大把时间在情感和理智的斗争上，如果情感大过理智，那么通常不会出现任何实际行动。或者，这个人可能会和采访我的那个电台主持人一样，完全否定投资房地产的观点。你可以回想一下那位主持人对我说的话："我不愿意修理厕所，也不愿意在深夜接到承租人的电话。"

这是另一个情感战胜理智的例子。电台主持人没有给这个新的观点任何机会，他也切断了让自己获得巨大财富和实现财务自由的可能性。最重要的是，采访结束时他说："我本以为你要告诉我们怎样变得富有。"我回答："我说了。我说了很多人变得富有和获得财务自由的方法，其中最重要的就是拥有很多良性债务。但是你所能想到的只是修理厕所。"无须多言，我不会再接受他的节目的邀请。

观念的力量

那位电台主持人并不是唯一一个否定那些可以改变他人生的观念的人。我曾经也否定过。我们都曾否定过。我们都会做让我们成功的事，也都会做让我们毫无成就的事。那么，当我们知道自己需要改变的时候，我们怎样才能作出改变呢？

我的富爸爸说："大多数人不能取得巨大财富、收获财务自由的主要原因之一，很简单，就是他们害怕犯错。"他继续说道："非常多聪明且受过良好教育的人在学校里被告知犯错误是不好的，所以他们害怕犯错。如果犯了错，他们则不敢承认，更不用说从错误中学习了。而那些犯了最多错误的人，他们不隐瞒自己的错误，不自我欺骗，也不自我否定，更不会怨天尤人，而是从错误中吸取教训，这些人他们最终成功了。"

所以，当你看到学习金字塔的图表时，那些不能变得富有的人的一个大问题就在于，即便理智上愿意付诸行动，情感上他们也害怕失败。富爸爸经常说："是对失败的恐惧导致了大多数人的失败。"害怕失败是一种需要纠正的情感，因为这种情感的力量常常大过理智。

在学校管用的东西，在现实生活中可能不管用

高中时，富爸爸对我说："银行经理从来没问我要过成绩单。"这是我人生中最重要的一课，让我认识到，在学校里管用的东西，在现实生活中不一定管用。当我遇到在财务上陷入困境的人时，我发现原因通常很简单，就是他们没有冲破来自家人、朋友和学校的旧观念。换句话说，他们可能甚至自己都没有意识到自己的行事观念，比如"别犯错误"，或者"找个安稳的工作"，或者"努力工作，赚钱，省吃俭用，远离债务"，等等。对安于现状的人来说，这些都是不错的主意。但如果你是一个想尽快发家致富的人，这就是不好的观念。所以，变得富有的代价，对许多人来说，就是检查自己的旧观念，找到那些需要改变的观念。但是请记住，一个人在理智上的观念变了，同时情感上、行动上和精神上也需要跟着改变。

战争年代管用的，和平年代不一定管用

　　与其他人不同，对我来说，对失败的恐惧感并不是问题。15 岁时因为英语写作不好而挂科是我遇到的最棒的事情。今天，我靠写作赚来的钱比大部分当年英语拿 A 的学生赚的钱都多。从那个失败中，我知道了现实生活中真正的成绩单是我的财务报表。因此，我知道，如果我能从错误和失败中吸取教训，那么挫折对我来说就是件好事。我认识到，相比于那些学习比我好的人，犯更多的错误能让我取得非常大的进步。但问题在于，尽管我从错误中学到了许多东西，但冒险的冲动和无惧失败的心态同样也会限制我的学习进步。

　　我志愿赴越南参战的一个原因是冲动战胜了理智。尽管大多数人说，"我不愿意参战"，或者"我反对战争"，但是我决定参战。尽管我是可以免除兵役的，但我还是志愿报名了。好的一面是，海军在训练男女士兵克服情感与理智的怀疑和限制方面做得非常出色。就算我们在情感上有所畏惧，在行动上面临困难，我们也被训练得能够严格、冷静地执行命令。我们被训练成即使牺牲自己的生命也要完成任务的战士。在理智上、情感上、行动上和精神上得到的这些训练让我在越战中幸存下来。

　　不好的一面是，当我从越南战场返回后，那样的训练让我难受至极。越战结束以后，我花了 25 年的时间来忘掉为

准备战争而学的东西。

为了在战争中存活，我们接受了如何在瞬间投入战斗的训练。我们经常不得不下意识地开枪射击，冒着生命危险进入危险地带，面对我们不想面对的凶险情况。换言之，我们必须做我们不想做的事情，而且要避免被心理和情感影响我们执行任务。

从战争中归来后，我发现我的克服恐惧的能力和战斗的意志给我拖了后腿。和平年代不需要英勇的行为。我很快就意识到战争中的海军与和平时的海军是不同的。一般情况下，在军队中能够成为将军的人，无论在战争中还是在和平时期都同样优秀。和平年代在军队里我需要学习如何才能像政治家或者外交官那样更好地思考和行动。我必须学会更加耐心，行动之前多加思考，更加友善，更加圆滑，不要那么容易冲动。离开军队以后我现在依然在努力学习这些东西。我觉得，如果我能改变得更快一点，我会在财务上、社交上和职业上比现在更加出色，但是我没能做到。就像我说的，我花了25年的时间学习如何去战斗，后来，我不得不再花25年的时间学习如何不去战斗。

好的方面是，我不畏惧失败的能力让我成为了一个优秀的企业家和投资人。但是，同样的能力也给我的成长和成功带来了限制。我之前曾经说过牛顿的一条定理——"任何一个运动，都有作用力和反作用力。"要想取得更大的成功，我需要对自己进行重大改造。对我来说，好战能让我赢得小战斗，但我失去的是整个战争。我很快意识到，如果我不能改变冲动好战的性格，我的成功就是有限的——如同那些惧怕失败的人一样受到限制。为了成长，我必须改变。

每一枚硬币都有两面，每一个赌徒都需要有一个银行家的头脑。在我的人生中，我花了25年的时间开发自己英勇的一面。从那之后，我开始开发自己圆滑的一面。拥有这两个方面的能力，让我的成功得以不断升级。如果我只有其中的一面，我敢肯定我的成功会大打折扣。也就是说，我的长处也是我的短处。为了追求完美，我需要将劣势转化为优势。

生活之于改变

当有人问我："我该投资什么？""你对我有什么建议？""你能给我正确答案吗？"我会感到犹豫，只能婉转地给出我的答案。我不愿意直接给出答案的原因是，正确答案只存在于学校和游戏里。在现实生活中，我们每个人都有一定的优点、天赋和能力。但我们同样也有缺点，也许你已经注意到，我们的优势通常也是我们的劣势。

对我来说，漫长的人生过程中必须不断改变。当今社会，如果你不主动求变，就会陷入危险之中，因为当今世界的变化比以往任何时代都要剧烈。你看那些在困境中无法自拔的人，通常都是抓着过时的正确答案和旧的成绩单不放的人。随着互联网的普及与延伸，富人和穷人之间的鸿沟只会逐渐加大。今天，有些年轻人还没高中毕业就从互联网产业中赚到了百万美元。他们连份工作都还没找，也许今后永远也不必找。

工作这个想法诞生于工业时代。那些抓着旧工业时代的规则不放的人，将会遭遇财务失败，将会落后于那些适应信息时代新规则的人——相信我，这些规则是不一样的。如果你还在想着找一个稳定的工作，等着工资自动上涨，计算工龄的话，那么财富永远也不可能降临到你的头上。获得巨额财富的机会一直都有，如果你想要获得财富，你就必须作出改变。

精神的力量

改变所带来的不确定性总是令人感到恐惧。与其他人一样，我也会对未知的事情感到忧虑，我也会对自己产生怀疑，讨厌犯错误。好在今天由于互联网的关系，改变已经得到了大众的认可。每个人都需要改变，否则你将落于人后，过程缓慢但结局必然。不过，只要我们愿意，我们就能拥有进行改变的力量。这个力量就在学习金字塔中，那就是你的精神力量。

```
           理智
            •
           /|\
          / | \
         /  |  \
        /   |   \
       /    |    \
   精神•----|----•情感
       \    |    /
        \   |   /
         \  |  /
          \ | /
           \|/
            •
           行为
```

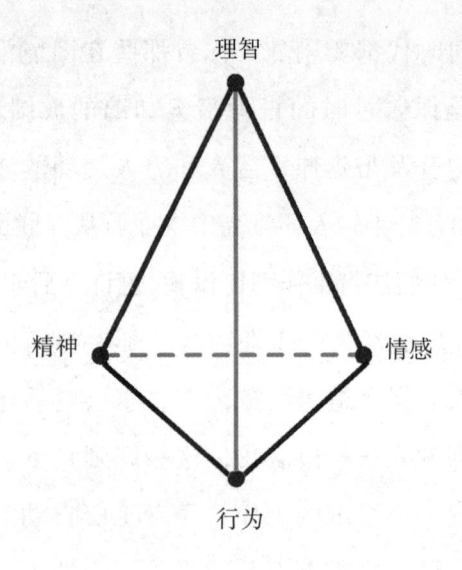

参加越战的最大收获就是我亲身见证了精神的力量。如果你与见识过真正战争的人交谈，我敢说，他们中的大部分人都会告诉你，他们对身体、理智和情感的超脱影响了他们的日常生活。

维恩是我的好朋友，我们从小学就认识了，他在远程侦察部队服役了一年时间，执行最危险的任务。远侦队的作战小组被空投在敌人后方，隐藏在人烟稀少的地方，搜集情报，展开行动，通常一去就是一周到两个月时间。

有天晚上，我在维恩位于夏威夷的家中，谈起我们在夏威夷成长过程中经历的改变，比如考上大学、参加战争。我们谈起参战经历是如何强烈地改变了我们自身和我们的核心价值观。我们安静地分享着各自的故事，并对那些履行职责的英豪表示敬意。

在这场深夜谈话中,维恩静静地说:"有两次任务,我是唯一活着回来的人。我之所以今天还活着,是因为死去的人在坚持战斗。"

我猜想,许多越战老兵心中都有一种难以言喻的情感,因为我们代表国家参加了这场战争,但我们却没有感到胜利的喜悦。我们这些人能活着回来,是因为我们的战友献出了生命。然而,回国后迎接我们的常常是蔑视,而不是对战士的付出表示感谢,不管这场战争对错与否。我看到过太多死去后还坚持战斗的人,他们的身体、理智和情感都死了,但他们的精神还在坚持战斗,因此其他人才能存活下来。地狱般的经历,让我和维恩从中认识到了人类精神的力量,那是我们生命中的无价之宝。今天,当我听到有人说"要是赔钱怎么办","犯错怎么办","失败怎么办",我就会露出外交式的微笑,点点头,然后走开。当我看到有些人因为害怕损失1万美元而虚度自己的年华时,我始终难以对他们表示同情。

然而,我们并不需要从战争中寻找人类精神力量的例证,每个人都有这种力量。几年前,我去观看残疾人运动会。我看到了我的另一位同学,他在车祸中失去了双腿,只能使用义肢。已经50岁的他,装上义肢参加百米赛跑。在他奔跑时,我看不到他身体上的残疾。我被他的精神触动了。在他和其他残疾人奔跑时,他们的精神感动了看台上的观众。我们中的许多人都为他们流下了眼泪。我也再次感受到了人类精神的力量。我认识到，尽管我的身体比他的健全，但他的身体状况比我好。而且他的精神把他身体上的劣势转变成了理智上、情感上和身体上的优势。我们都能拥有同样强大的精神力量。

我们都有优点，也都有缺点

我在学习上没什么建树。在学校里，没人把我当成聪明学生。我在情感上也没有优势，我易怒，缺乏耐心，不细心。我的身体条件也不好，我不是出色的运动员，体型也不好看。但是今天，我可以说，我实现了财务自由，我找到了幸福，因为我总是提醒自己人类精神的力量。我的富爸爸和穷爸爸，还有我的妈妈都拥有那种精神，他们在我面对重大个人疑惑时，及时鼓励我，激起我的精神力量。我今天仍然活着，是因为维恩所说的那些"战斗至死"的人在激励着我；我能成为今天的我，是因为我的妻子拥有强大的精神力量，她信任我，当别人要她离开我时，她坚定地站在我的身边。

如果没有金的精神力量的支持，我知道我不会是现在的样子；如果不是我的朋友在我失败、在我失去信心时帮助我重新站起来，我不会是今天的我。我能实现财务自由，不仅仅是因为我个人的身体、情感或者理智的力量，更重要的是我身边的人在我失去我的精神力量时，一直鼓励我继续前进；我能够作出改变，能够逐渐敢于面对新的挑战，也是因为他们的支持和鼓励激起了我的精神力量，去承担责任。对我来说，只要我找到了自己的精神，我就找到了自由。

在我深陷个人疑惑的黑暗时，我经常会想起我在詹姆斯·艾伦（James Allen）《做你想做的人》一书中读到的埃拉·维勒·威尔考克斯（Ella Wheeler Wilcox）的一首诗：

> 你会成为你想成为的人；
> 让失败自生自灭吧，
> 借着那个可怜的借口"环境"，
> 但是精神不败，精神自由。
>
> 它掌控时间，它占领空间；
> 它吓退夸夸其谈的骗子，和所谓的机遇，
> 它命令命运之暴君，
> 它夺去它的王冠，把它变成仆人。
>
> 而人的意志，那看不见的力量，
> 是不死的灵魂的产物，
> 能在花岗岩彻成的墙壁中
> 劈出一条通往所有目标的路。

不要因为延误而心生不耐，
你知道唯有静心等待；
当精神奋起，主导一切，
诸神也将俯首膜拜。

精神，让我可以理智地学习、恰当地控制情绪，并付诸行动，就算充满怀疑，就算跌倒，仍然能重新站起来。

结 论

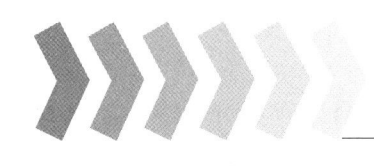

从现在开始,提高财商

我经常听到有人说:"我不想学会计。我对坚持更新财务报表不感兴趣。"当我听到这些话时,我同意人们有选择学或者不学的权利。在这一点上,我经常会重复富爸爸的话——"会计通向责任"。换句话说,学习会计和不断改进你的财务报表的最大好处是提升你对自己的责任感。如果你想变得富有,那么对自己负责就是你需要付出的代价。

我的第一笔生意失败后,富爸爸对我说:"如果你的车坏了,你可以把它送到专业的维修师那里修理。但如果你在财务上出了问题,只有一个人能解决你的问题,那个人就是你自己。"他进一步解释说:"解决财务状况就好像学打高尔夫球。你可以看书,可以参加学习班,可以请教练来教,但是最终只能由你自己来提高自己的高尔夫球水平。"很少有人能取得巨大财富的原因之一,是当他们陷入财务困境时,他们不知道怎样摆脱这个困境。没有人教过他们如何诊断可能遇到的特定财务问题的基础知识。结果,尽管人们知道自己可能在财务上面遇到了麻烦，但他们仍然不知道怎样看自己的财务报表，不知道怎样保持精确的财务记录。所以，他们不知道自己的财务问题有多严重，也不知道该怎样处理。

面对我的糟糕的财务报表是件痛苦的事情，但积极面对问题是我做过的最正确的事情，总比浪费时间装作没有问题好。我正视自己的财务报表和财务问题，找出自己到底有什么不足，以及我需要学习什么知识才能改善我的财务状况。

看见我对自己交通事故般的财务状况抱怨不已，富爸爸说："如果你肯面对真相，并从错误中学习，你学到的东西会比我以前教给你的更多。"他接着说："当你正视自己的个人财务报表时，你是在审视自己和你的财务困难。找出你知道的和你不知道的。这是在对自己负责。就好像高尔夫球手打得不好不能抱怨别人一样，一旦你开始检查你的会计记录，你就要变成对自己负责的人。"

"正视自己的财务问题，找到解决办法"是我接受到的最好的教育，因为通过正视自己的错误，我成为了一个对自己的弱点负责的人。通过查看自己的财务报表，我发现自己的财务成绩不及格，我发现自己在财务上并没有想象中那么精明。通过提升财务成绩，我认识到我需要不断学习才能实现财务自由，这就是我变得富有所需要做的事。

最后的思考

致富的方法有很多。一个方法是剪掉你的信用卡,节俭度日。我不选择这个方法,因为代价太高了。另一种方法是找个有钱人结婚,我也许可以这样做,尽管这是快速致富的流行方法,但是代价也太高了。还有一个方法,那就是提升你的财务素养,提高你的财务智商,并对你自己负责:对你的成绩负责,对你的继续教育负责,对你的个人发展负责,最终变成一个更优秀的人。对我来说,这才是我愿意做的事。

作为提醒,你应该再看一下财务报表,我的富爸爸认为这是非常重要的。

财务智商的重点简要概括

职业		玩家		
目标：避免无意义的竞争，通过使你的被动收入大于总开支而进入快车道				
收入表		审计员		← 审计员
类型	现金流	（你右边的人）		
薪水：		被动收入：$ _$×××_		← 被动收入
利息/红利：		（利息/红利 + 房地产/生意的现金流）		
房地产/生意：				
迷你储物间	$ ×××			
		总收入：$_____		
支出税：		子女数量：_____		
房贷支出：		（从0子女开始游戏）		
助学贷款支出：				
汽车贷款支出：保时捷	$ ×××	每个孩子的开销：$_____		
信用卡支出：				
消费支出：				
其他费用：				
子女费用：				
贷款支付：		总开销：$_____		
资产平衡表		月现金流（薪水）：$_____ （总收入—总开销）		
资产		负债		
储蓄：		房贷		
股票/基金/存款证 #股份 费用/份额		助学贷款		
		汽车贷款保时捷	$ ×××	
		信用卡		
		消费		
房地产/生意 首付款 费用		房地产/生意	按揭/负债	
迷你储物间 $ ×××		抵押迷你储物间	$ ×××	← 良性债务
		贷款		

感谢你阅读这本书。我希望，为了获得财务自由，你愿意为应该学习的东西付出努力。

附　　录

职业		玩家		
目标：避免无意义的竞争，通过使你的被动收入大于总开支而进入快车道				
收入表		审计员		
类型	现金流	（你右边的人）		
薪水：		被动收入：$ _____		
利息／红利：		（利息／红利＋房地产／生意的现金流）		
房地产／生意：				
		总收入：$ _____		
支出税：		子女数量：		
房贷支出：		（从0子女开始游戏）		
助学贷款支出：				
汽车贷款支出：		每个孩子		
信用卡支出：		的开销：$ _____		
消费支出：				
其他费用：				
子女费用：				
贷款支付：		总开销：$ _____		
资产平衡表		月现金流（薪水）：$ _____		
		（总收入—总开销）		
资产		负债		
储蓄：		房贷		
股票／基金／存款证　#股份　费用／份额		助学贷款		
		汽车贷款		
		信用卡		
		消费		
房地产／生意　　首付款　费用		房地产／生意		按揭／负债
		贷款		

提高财商的三个方法

方法一：阅读"富爸爸"系列书籍

财富观念篇
《富爸爸穷爸爸》
《富爸爸为什么富人越来越富》（《富爸爸穷爸爸》研究生版）
《富爸爸财务自由之路》
《富爸爸提高你的财商》
《富爸爸女人一定要有钱》
《富爸爸杠杆致富》
《富爸爸我和埃米的富足之路》

财富实践篇
《富爸爸投资指南》
《富爸爸房地产投资指南》
《富爸爸点石成金》
《富爸爸致富需要做的6件事》
《富爸爸穷爸爸实践篇》
《富爸爸商学院》
《富爸爸销售狗》
《富爸爸成功创业的10堂必修课》
《富爸爸给你的钱找一份工作》
《富爸爸股票投资从入门到精通》
《富爸爸为什么A等生为C等生工作》

财富趋势篇
《富爸爸21世纪的生意》
《富爸爸财富大趋势》
《富爸爸富人的阴谋》
《富爸爸不公平的优势》

财富亲子篇
《富爸爸穷爸爸（少儿财商启蒙书）》（适合3~6岁）
《富爸爸穷爸爸（漫画版）》（适合7岁以上）
《富爸爸穷爸爸（青少版）》（适合11岁以上）
《富爸爸发现你孩子的财富基因》
《富爸爸别让你的孩子长大为钱所困》

财富企业篇　《富爸爸如何创办自己的公司》
　　　　　　《富爸爸如何经营自己的公司》
　　　　　　《富爸爸胜利之师》
　　　　　　《富爸爸社会企业家》

方法二：玩《富爸爸现金流》游戏

　　《富爸爸现金流》游戏浓缩了《富爸爸穷爸爸》一书的作者——罗伯特·清崎三十多年的商界经验，让我们在游戏中模仿和体验现实生活的同时，告诉游戏者应如何识别和把握投资理财机会；通过不断的游戏和训练及学习游戏中所蕴含的富人的投资思维，来提高游戏者的财务智商。

扫码购买《富爸爸现金流》游戏

方法三：关注读书人俱乐部微信公众号，在读书人移动财商学院学习财商知识

　　北京读书人俱乐部微信公众号由北京读书人文化艺术有限公司运营，为富爸爸读者提供既符合富爸爸理念又根据中国实际情况加以完善的财商相关课程，帮助读者系统地学习和掌握富爸爸财商的原理、方法和实操技巧，助力富爸爸读者的财务自由之路。

readers-club

扫码关注读书人俱乐部
开始学习

《富爸爸穷爸爸》

作者：〔美〕罗伯特·清崎

ISBN：978-7-220-11404-5

定价：89.00元

世界上绝大多数人奋斗终身却不能致富，因为他们在学校中从未真正学习关于金钱的知识，所以他们只知道为钱而拼命工作，却从不学习如何让钱为自己工作……

——罗伯特·清崎

清崎有两个爸爸："穷爸爸"是他的亲生父亲，一个高学历的教育官员；"富爸爸"是他好朋友的父亲，一个高中没毕业却善于投资理财的企业家。清崎遵从"穷爸爸"为他设计的人生道路：上大学，服兵役，参加越战，走过了平凡的人生初期。直到1977年，清崎亲眼目睹一生辛劳的"穷爸爸"失了业，"富爸爸"则成了夏威夷的有钱人。清崎毅然追寻"富爸爸"的脚步，踏入商界，从此登上了致富快车。

清崎以亲身经历的财富故事展示了"穷爸爸"和"富爸爸"截然不同的金钱观和财富观：穷人为钱工作，富人让钱为自己工作！

《富爸爸穷爸爸实践篇》

作者：[美]罗伯特·清崎 [美]莎伦·莱希特

ISBN：978-7-220-10300-1

定价：48.00元

如果你的投资已经没有任何价值，如果你已经厌倦了那些陈词滥调的财务建议，如果你担心自己要无休止地工作下去，永远无法退休，或者，如果你只是想多花一些时间来陪陪家人，那么你可以从本书中找到答案。

——莎伦·莱希特

1999年4月，《富爸爸穷爸爸》在美国出版，仅仅半年时间就创下100万册的销量。2000年3月，韩语版面市；2000年6月，登陆澳大利亚；2000年9月，简体中文版面市，连续两年半名列畅销书排行榜前10名……一时间，全世界范围内掀起了一股"富爸爸"热潮，无数的读者因为实践"富爸爸"的建议，获得了经济上的成功！

本书是《富爸爸穷爸爸》的实践篇，书中选取了22个具有代表性的成功案例，既有初次创业者，也有失业者、退休者，甚至是事业的失败者和破产者。他们现身说法，讲述自己的创富故事，为你展示如何一步一步地走上财务自由之路！

《富爸爸财务自由之路》

作者：〔美〕罗伯特·清崎 〔美〕莎伦·莱希特

ISBN：978-7-220-10295-0

定价：45.00元

为什么有的人可以用较少的劳动获得较多的收入？为什么有的人可以享受比别人更多的财务自由？也许是因为他们明白何时从何种象限开始工作……本书旨在帮你选择一个新项目、新目标及新的财务前景。

——罗伯特·清崎

清崎上完大学，有了一份稳定的工作，这是"穷爸爸"一直以来对他的期望；但他牢记"富爸爸"的话，"只有实现了财务自由，才能拥有真正的自由"。于是他毅然辞去工作，走上了投资和创业之路，在47岁时实现了财务自由。从此，他再也不必朝九晚五地被动工作，再也不必量入为出，他可以自由地做自己爱做的事，因为投资会为他带来源源不断的现金流。

书中归纳出了4个现金流象限：雇员、自由职业者、企业主和投资人，只有具备投资人和企业主的技能，才更容易致富；详细介绍了这些观念和技巧，把投资人细分为7个等级，帮你看清自己的财务状况；更列出了7个完整的步骤，指引你走上财务自由之路。

《富爸爸财富大趋势》

作者：〔美〕罗伯特·清崎 〔美〕莎伦·莱希特

ISBN:978-7-220-10296-7

定价:46.00元

只有那些在财务上适应能力较强、财商较高的人才能生存下来。只有那些对这一切有所准备的人才能获得成功。

如果没有接受过财商教育，可能就需要更多的资金才能致富，也可能需要更多的资金才能保持富有。财商越高，致富需要的资金就越少；财商越低，致富需要的资金就越多。

——罗伯特·清崎

在富爸爸看来，人们应对不可知的未来主要有3种方式：穷人指望子女或者政府帮助自己度过余生；中产阶级把钱存入银行、购房保值、投资退休金计划等，甚至把未来的财务保障押在变幻莫测的股市上；富人则购买能带来现金流的资产，让钱为自己工作，持续创造财富以应对未来的变化。

本书中，清崎讲述了富爸爸对他的财商教育，向你传授掌控风险的8种理财智慧，提高你的财商；教你准确把握经济发展形势，明辨优劣资产，巧妙防范金融风险，从容应对市场变化；升级你的理财技巧，让钱为你工作，获得财务上的真正自由。不管你是想改变入不敷出的财务状况，还是想保护自己的财产，甚至是提高投资层次，都能在本书中找到发人深省的启示和高效实用的建议，一跃成为掌控未来的财务高手！

图书在版编目（CIP）数据

富爸爸致富需要做的6件事 /（美）罗伯特·清崎著；徐浩译. — 成都：四川人民出版社，2017.8（2019.12重印）
ISBN 978-7-220-10294-3

Ⅰ.①富… Ⅱ.①罗… ②徐… Ⅲ.①私人投资—通俗读物 Ⅳ.① F830.59-49

中国版本图书馆 CIP 数据核字（2017）第 192576 号

Guide to Becoming Rich Without Cutting Up Your Credit Cards
Copyright © 2017 by CASHFLOW Technologies, Inc.
This edition published by arrangement with Rich Dad Operating Company, LLC.

版权合同登记号：图进 21-2017-500

FUBABA ZHIFUXUYAOZUODE6JIANSHI
富爸爸致富需要做的6件事

〔美〕罗伯特·清崎 著 徐 浩 译

责任编辑	唐　婧
特约编辑	张　芹　赵　晶
封面设计	朱　红
版式设计	乐阅文化
责任印制	聂　敏

出版发行	四川人民出版社　（成都市槐树街2号）
网　　址	http://www.scpph.com
E-mail	scrmcbs@sina.com
新浪微博	@四川人民出版社
微信公众号	四川人民出版社
发行部业务电话	（028）86259624　86259453
防盗版举报电话	（028）86259624
照　　排	北京乐阅文化有限责任公司
印　　刷	三河市中晟雅豪印务有限公司
成品尺寸	152mm×215mm　1/32
印　　张	4.5
字　　数	86 千
版　　次	2017 年 9 月第 1 版
印　　次	2019 年 12 月第 8 次印刷
书　　号	ISBN 978-7-220-10294-3
定　　价	34.80 元

■版权所有·侵权必究

本书若出现印装质量问题，请与我社发行部联系调换
电话：（028）86259453